新自然主義

以高特曼理論修復夫妻關係、重建**育兒共識**

成為彼此神隊友

在教養裡重新牽手

芙樂奇心理諮商所督導／
伴侶治療師
邱惠振

✕

芙樂奇心理諮商所所長／
博士
張雅淳

Contents

目錄

推薦序

教養路上的修復指南,為婚姻找回幸福　　盧永盛　　6

因為愛,我們學習;學習,讓我們更相愛!　　戴秉珊　　8

有溫度的專業陪伴,送給每個經營關係的人　　魏麗敏　　10

作者序

從心理學專業到親職實踐的真實體驗　　邱惠振　　12

當愛與差異相遇:心理師夫妻的育兒協奏曲　　張雅淳　　16

Chapter 1　從親密到陌生:
當教養讓我們擦身而過

教養,本是夫妻兩人攜手共同完成的「旅程」,卻往往在日常瑣事與分歧中,讓曾經親密的伴侶逐漸疏離。是時候想想,如何才能重拾那份愛慕與親密。邀請彼此在教養路上,再次同行。

一、重回愛的地圖:在教養路上找回親密與愛慕　　22
　　伴侶溝通小學堂（一）學習對另一半說好話

二、轉向,或背離:增加兩人的情緒銀行　　34
　　伴侶溝通小學堂（二）用情緒探索問句增加情緒存款

Chapter 2

從共識到摩擦：
用情緒埋下的教養衝突

教養，本應是父母在愛與信任中建立的「共識」，卻常因潛藏的情緒與累積的壓力，轉為彼此拉扯的戰場。試著從「衝突」面向，思考如何不讓伴侶間的爭吵對孩子產生影響。

一、家是向孩子示範「衝突處理」的方式　　　　46
　　伴侶溝通小學堂（三）　找回被遺忘的情緒策略

二、別讓伴侶間的四騎士，影響親子關係　　　　58
　　伴侶溝通小學堂（四）　練習辨識溝通中的四騎士

Chapter 3

從共鳴到靜默：
失控的溝通毒素

教養，本應是情感交流的「共鳴」，卻在不斷累積的情緒毒素中，轉為彼此沉默與孤立的氛圍。當心！情感關係中的四大破壞力量——抨擊、輕蔑、防衛、築高牆，很可能引發家庭大風暴！

一、沒有舞伴的雙人舞——抨擊與防衛　　　　68
　　伴侶溝通小學堂（五）　「溫和開場」取代「抨擊」

二、快爆炸的壓力鍋——輕蔑與防衛　　　　80
　　伴侶溝通小學堂（六）　「建立感激的文化」創造滿滿的親密關係

三、關係與教養中的火藥庫——築高牆引起的情緒　　92
　　氾濫
　　伴侶溝通小學堂（七） 事先約定情緒氾濫時的「解方」：
　　自我安撫 4 大步驟

四、夫妻也能鬆口氣——釋放教養權利　　102
　　伴侶溝通小學堂（八） 教養任務的分工練習

Chapter 4

從裂痕到拉鋸：
穿越無解的教養矛盾

教養，本應是理解與協調之後的「磨合」，往往因價值觀與成長經驗的差異，讓父母陷入拉鋸與對立。該如何重新面對「永恆問題」——建立有共識且更理解的教養同盟。

一、認同差異，成為不完美卻緊密的同盟　　118
　　伴侶溝通小學堂（九） 檢視另一半和自己的經驗差異

二、夫妻衝突不是難溝通，是無法聽見彼此的「情感」　　128
　　與「價值」
　　伴侶溝通小學堂（十） 探索遺忘的夢想：試著接近理解
　　另一半

三、不是贏，而是一起走：衝突中的讓步智慧　　152
　　伴侶溝通小學堂（十一） Bagel 圈溝通練習——達成雙
　　贏的共識

Chapter 5 從築夢者到異路人：
當伴侶無法建立共享意義

教養，本應是夫妻打造幸福家庭的「實踐」，卻可能在過程中讓彼此成為不同世界裡的旅人。或許，有意義的「家庭儀式」與「象徵」，能再次溫柔喚起夫妻間的理解與再靠近。

一、我是與你共組家庭的人：我的角色不只是媳婦　　168
　　伴侶溝通小學堂（十二） 找出你最在乎的角色與分配

二、傳達家庭情感的語言：充滿意義的「儀式」　　182
　　伴侶溝通小學堂（十三） 創造與討論專屬的「家庭儀式」

三、共享意義的「象徵」：為什麼全家沒有同心？　　192
　　伴侶溝通小學堂（十四） 練習寫下自己重要的「象徵」

後記
從信念出發，走向家庭幸福之路　　202

推薦序

教養路上的修復指南，
為婚姻找回幸福

—— 盧永盛

在律師的專業工作中，我見過無數夫妻因對未成年子女的教養理念與觀念分歧，而最終走上離婚之路。夫妻來自不同家庭，成長環境、教育背景、經濟條件與價值觀各有差異，造就了截然不同的性格。那些曾相愛並許下婚姻承諾、決定攜手共度一生的伴侶，往往因在育兒方式的衝突，累積無數失望與誤解，甚至走到無法挽回的地步；教養不僅僅是對孩子的培養，更是對夫妻關係的重大考驗。

當我閱讀《成為彼此神隊友》時，深感這本書對許多家庭的重要價值。兩位作者結合各自專業，深入探討伴侶在教養過程中的溝通與協調，並提供切實可行的方法，幫助夫妻修復關係、重建育兒共識。這不只是一本教養書，更是一部婚姻修復指南，為許多陷入矛盾的夫妻帶來希望與契機。

許多法律案件告訴我們，離婚並非是不可避免的結局，更多時候是因誤解與傷害未及時修補所致。司法實務上，也不乏經過溝通、修復後，再次回到婚姻的人生旅程。

　　因此，當我讀完這本書後，不禁思索：若當初那些夫妻能早一步看到這本書，是否能讓他們的婚姻多一分挽回的機會？答案或許是肯定的。因為這本書不僅幫助夫妻看見彼此的需求與渴望，更教會他們如何在教養的道路上攜手同行，成為彼此的神隊友。

　　對於那些正為教養問題而爭執不休的夫妻，這本書是一次重新牽起彼此雙手的契機；而對於即將步入婚姻或親子旅程的伴侶，這本書是一本寶貴的指南，它能幫助你們未雨綢繆，避免掉入衝突的陷阱。

　　身為一名律師，我衷心推薦這本書給所有的伴侶。它不僅是為了孩子的教養，更是為了婚姻的幸福。願每對夫妻都能在教養中找到共識，在婚姻中收穫幸福。

前台中地方檢察署檢察官
前台中律師公會理事長　盧永盛

推薦序

因為愛，我們學習；
學習，讓我們更相愛！

―― 戴秉珊

「我和另一半能改變嗎？」、「我很愛孩子，但要怎麼做才能讓孩子變得更好？」這些問題的背後，是每一個在家庭中掙扎、焦慮、受傷的故事。這是家庭的真實困境，也是家庭教育工作者需要努力推廣的概念：學習，能讓我們更相愛！

深愛彼此，卻常常在相處中受傷；想改變，卻不知道從何開始。我們常願意在專業領域持續進修，在職場學習新技能，但在最親密的家庭關係裡，卻缺乏系統性的學習。這不是因為我們不在乎，而是從小到大，鮮少有人教我們關係經營的重要性。於是，即便再努力相愛，也可能因為缺乏方法而陷入無力感。

認識雅淳夫妻十幾年，他倆從諮商領域加入家庭教育的專業累積和觀點，真正的從問題和預防兩個方向著手，幫

助眾多家庭看見問題、持續學習。

這本書最動人的地方，是從書裡能看見雅淳和惠振將過去婚姻、親子互動中的反思、調整，真實的與讀者分享。他們並非站在象牙塔裡高談理論，而是從自身的真實經驗出發，把那些曾經掙扎、焦慮和調適的歷程，化為具體的方法和練習。書中從夫妻關係到親子教養，層層展開，既有理論的深度，又有生活化的例舉，讓讀者不只理解「為什麼要做」，更能學會「怎麼做」。

身為一名長期關注家庭教育的工作者，我真心推薦這本書給每一位正在尋找答案的你。無論你是渴望相愛的伴侶、努力教養孩子的家長，還是期待修復關係的家庭。願它成為你的工具書，幫助你有方法、有能力打造更好的關係；更願它成為你婚姻經營、親子教養的專業陪伴者，幫助你在愛裡找到方向和力量。

家庭是避風港也會傷人，家讓人溫暖與幸福，也讓人感到挫敗與無力。如果你願意，請跟著這本書的引導和練習，慢慢地調整，讓我們在家庭裡，不再只是勉強維繫，而是攜手前行，成為彼此最強大的神隊友。

樹德科技大學兒童與家庭服務系 助理教授
《童年與家是愛的起點》作者　戴秉珊

推薦序

有溫度的專業陪伴，
送給每個經營關係的人

―― 魏麗敏

　　讀完《成為彼此神隊友》這本書，不禁想起多年前在研究所課堂上的惠振、雅淳。如今，這對曾經坐在課堂上的同學成為情侶，結婚、生子，一起創業，到現在一起出書，攜手寫下這本兼具專業與真誠的作品，讓身為老師的我十分感動。

　　這不是一本探究學術的論文，它更像是一本「貼近生活的說話教科書」，幫助我們從一句話的語氣、一次衝突的開場，重新理解「說話」如何影響「關係」，也引導伴侶從誤解與受傷的循環中，找到靠近彼此的可能。

　　書中大量融入高特曼的研究，但轉譯得非常生活化：像是「暫停四騎士」、「溫和開場」、「增加情緒銀行」和「自我安撫四步驟」等，這些專業的名詞被轉化為一句句可以在家中實際練習的溝通方式。對於大眾來說，除了書

中的故事讓我們有所感受外，這些 know how 能實際協助溝通上的問題是重要的。

很欣賞惠振、雅淳以夫妻之名寫這本書，不只是專業心理師的角度，也有身為伴侶與父母的經驗。這讓書中的文字不只是理論，而是有溫度的故事，以及專業心理師的貼心提醒。從伴侶到父母，每個角色的壓力與脆弱，都在你們溫柔的筆觸中被看見、被接住。對我來說，這本書不只是送給父母的禮物，更是送給彼此、也送給曾經坐在課堂上、如今也在經營家庭與關係的我們每一個人。

親愛的惠振與雅淳用這本書把多年來在諮商室裡聽見的真實故事與情感經驗，整理成了許多讀者可以帶著走、慢慢練習的工具。你們不只是在寫書，也是在替許多人指引方向，讓親密關係有機會不再變成陌生，而是一起學習，成為彼此真正的神隊友。

國立台中教育大學退休教授
前台中諮商心理師公會理事長 魏麗敏

作者序

從心理學專業到親職實踐的真實體驗

——邱惠振

「你們家兩個男孩！天啊，家裡一定很瘋狂吧？」說話的人露出同情的表情。

「不會啦，他們兩個其實還蠻乖的，應該滿好帶的。」我試著不要太驕傲。

「對喔，你們都是心理師，你們都怎麼帶小孩啊？」對方好奇地問。

於是，這本書開始逐步誕生、成形。

理論與實務的碰撞：當心理師成為父親

身為人夫也是兩個孩子爸爸的我，有著豐富且充實的實務經驗。老大剛出生時，我跟太太在月子中心接到了保母電話，被告知她得請假，於是我們未來兩年的計劃徹底泡湯。我們當下做了決定：自己帶孩子到上幼幼班。於是，

邊工作邊帶孩子成為我們接下來兩年的生活。

把心理學的理論及研究用在帶自己的孩子上，成了習慣。孩子睡了之後，我們都會聊聊今天有沒有發現孩子的異樣，並且開始分析、討論可以怎麼處理。

「你有沒有發現哥哥最近都會講反話啊？！」

「好像是因為你有時候都會亂開一些玩笑，哥哥就學起來了。」

「小朋友就是直接模仿，你要小心自己的說話方式。」

很多個晚上，我們都有類似的對話與討論。我們運用學習到的能力，討論著孩子的狀況，即使自己是研究親密關係、成人、兒童心理的專家，在育兒過程中，我仍對父母親對小朋友的影響力感到震撼。

專業訓練的收穫：理解伴侶互動的重要

伴侶互動，是更深入了解「為什麼一個人會成為這樣的人」的重要拼圖。

2015 年對我來說是重要的一年，那年我到美國西雅圖完成了婚姻大師約翰・高特曼（Dr. John Gottman）親自訓練伴侶治療師的三階段培訓，我也成為在台灣、亞洲少數完成 GMCT（Gottman Method Couple Therapist）訓練的一員，

也是目前唯二登錄於全球 GMCT 網絡中的台灣成員。

高特曼是全球婚姻關係的大師，之所以有名，是因為能透過觀察伴侶的互動，預測他們未來會走向分手離婚，或是幸福長久。我學到分析伴侶互動的專業技能，對我的專業工作有很大的助益，但最有幫助的是讓我更清楚知道父母的互動如何影響一個孩子。

家庭實踐的三大關鍵要素

伴侶關係分成三大關鍵：建立親密、衝突管理、共享意義。在家庭中，如果父母能在孩子面前展示合宜、有效建立親密感的互動方式，也能在兩個人想法不一樣時，示範如何討論，並用合適的方式了解對方立場中更深入的渴望跟需求。這樣的家庭互動，會讓孩子在成長過程中學會這些技能，並運用在學校、社會互動中解決相關的人際問題，讓情緒跟專注力有更多的餘裕跟空間用來應付課業。

家庭，是培養孩子親密互動的重要場域。我們在本書中透過案例故事（基於心理諮商的保密原則，所有角色、故事情節都經過編修，並非個案案例）、理論分析，以及實作練習，深入淺出地讓需要的父母們創造更多有效、幸福的親密溝通，陪著我們的孩子更幸福地成長。

溝通及關係，是有脈絡可循的科學。我們希望透過「對話」、「故事」，讓大家在閱讀上更有共鳴，因為每章節的對話都曾出現在我們的溝通及關係中。但經由我們的解析，讀者可以從我們心理師的角度，一起了解理論如何解析這些溝通。可以更了解溝通對我們及孩子的影響，我們更有能力選擇及決定下次可以怎麼說或聽。另外，也希望書中的「伴侶溝通小學堂」，可以讓家人一起進行及討論。溝通及關係，不只是科學及理論，更是需要用心經營的實踐。

2015 年，我在美國完成伴侶治療課程，我們夫妻與婚姻大師 Gottman 夫妻（右二）合照。

作者序

當愛與差異相遇：
心理師夫妻的育兒協奏曲

——張雅淳

在諮商室裡，我能感受到來此諮商父母眼中的深情與無奈。他們給予孩子滿滿的愛，卻在面對彼此的差異時陷入困境，夫妻關係緊張，親子互動也變得辛苦。作為兩個孩子的母親，我深深理解這種掙扎——我們都希望給孩子最好的成長環境，但夫妻兩人往往在「什麼是最好的」教養問題上有了分歧。

當金龜子遇上樂高：我們的衝突與和解

我和先生來自不同的世界。我在彰化鄉下長大，童年記憶是抓金龜子；他在台北成長，週末是待在家中練樂器、玩樂高。我的家庭開放自由，習慣直接表達情感；他的家庭傳統內斂，愛意深藏在默默陪伴中。

當我們有了孩子，這些差異成為了衝突的源頭。我想帶

孩子玩金龜子,他說這是虐待小動物;我喜歡週末帶孩子到處探索,他偏愛在家靜態學習。那一刻我才深深感受到,原來彰化和台北之間不只是地理距離,更是成長世界的天壤之別。

有心理專業還是難解夫妻矛盾

雖然我從大學開始學習心理學,研究所專攻諮商輔導與家庭教育,擁有近 20 年的家庭心理學經驗,但面對自己的婚姻關係時,我同樣感到痛苦與不知所措。婚後的現實落差消磨著我們的親密關係,讓我對感情產生懷疑與不安。婚姻的衝突與矛盾讓我明白,專業知識並不能讓我們在關係衝突中免疫,但可以成為我們彼此理解和成長的工具。

探索彼此差異成了我們的禮物

夫妻關係的轉機出現在我們開始真正溝通的時候。先生學習了高特曼的伴侶諮商取向,我在博士班研讀本土華人心理學與家庭教育,我們開始在夜晚分享彼此的童年記憶,討論對育兒的不同想法後發現,夫妻間的差異不該是問題,更是豐富彼此生命的禮物。

由於我們的不同，孩子的週末變得更加多元：週五晚上學樂器（滿足爸爸的音樂情懷），週六早上學網球桌球（滿足媽媽的運動基因），週日全家一起聽音樂、去公園運動（融合我們的共同愛好）。

　　因為和先生走過夫妻間的關係矛盾與衝頭，我們回到了親密關係的初衷，探討如何在教養差異中找到平衡，明白有些議題可以透過溝通化解，有些則需要學會接納和調適。

　　本書從夫妻溝通、自我調適、陪伴孩子成長等不同角度出發，希望能幫助每個家庭從教養的無助中找到改變的可能；改變其實並不可怕，唯有改變才能為家庭的未來帶進更多美好，但是這樣的改變必須有個框架與方向，才能成為引導夫妻與孩子共同前進的正確方向，願這本書能為你的家庭帶來更多的理解、包容與美好的未來。

張雅淳

我們相信,伴侶之間的理解與連結,是家的基石。當孩子在日常中看見我們尊重彼此、傾聽彼此,他們也會學會用愛與智慧面對生活中的人與事。

Chapter 1

從親密到陌生：
當教養讓我們擦身而過

一、重回愛的地圖：
在教養路上找回親密與愛慕

「我們來諮商,是因為孩子希望我們來。」太太緩緩說著來此的原因。

「孩子總是說,家都好像沒有溫暖,我和先生不大說話,他們覺得我需要來諮商。」太太無奈地聳聳肩。

「我覺得熱情一點一滴的從我們生活中消失了。」先生說著。

「淡到有時候我忍不住想,是不是是他精神出軌,但他又表現得很貼心。」太太繼續補充。

「我們的生活已經被柴米油鹽醬醋茶佔滿,當孩子長大離家上學後,我突然發現枕邊人,好像成了陌生人。」太太無奈地說。

大多數的婚姻在前五年走入低谷

從心理學與關係研究的角度來看,這對夫妻的困境並非個案,特別是婚後前幾年的關係變化,已有大量實證研究證實。

根據研究結果,婚姻滿意度會在婚後頭 3 到 5 年內顯著下降。美國國家家庭與婚姻研究中心(National Marriage Project)統計顯示,超過 60% 的夫妻在孩子出生後的第一年內,婚姻滿意度會劇烈下滑。大多數婚姻在第 5 年左右會進入低谷,若沒有刻意經營親密與溝通之道,將可能步入「冷漠共存」或「功能性分居」的關係狀態。

許多人以為婚姻的熱情消失,是因為有了外遇或第三

者。然而研究卻顯示，多數關係中「情感疏離」的真正原因，是來自情緒連結的減少。缺乏及減少對伴侶的情緒回應，將比衝突本身更會導致對婚姻的不滿與疏離。因此愛慕與欣賞、親密感、友誼等，都在關係中慢慢褪色，影響了實際的關係品質（例如：熱情、性生活、浪漫……等）。

我邀請他們夫妻各拿一張「肯定清單」，上面有許多關於「特質」的詞彙，並請他們從中選三個對方最令自己滿意及欣賞的特質，同時在選完後分享具體的例子。

太太很快就選完了，但抬頭看向先生，發現他遲遲沒有下筆。

時間一分一秒過去，太太慢慢插起手臂，看著還在看「肯定清單」的先生。先生很認真的看著每個字詞，身為工程師的他，「精準」是他相當重視且認同的價值。

等得不耐煩的太太終於受不了地說，「心理師不過就請我們選三個可以稱讚對方的特質，說出具體事件，我做人有這麼失敗嗎？讓你這麼久還圈不出來？」

「結婚二十幾年了耶,拜託你好不好,我就算沒有苦勞也有功勞吧!」太太越說越大聲。

先生抬起頭看了太太一眼,想試圖安撫太太但手卻伸不出去。

太太看了先生的表現後,只覺得更生氣,「你這樣會讓心理師以為都是我在欺負你,我有這樣嗎?我對你來說是洪水還是猛獸啊!」

此時,先生故作鎮靜地轉頭看著我,眼神充滿求救的訊號。

於是我邀請他們面向彼此,開始分享自己對對方的「看見與欣賞」。

太太從容地說著,「我很謝謝你的耐心,有時候我的脾氣真的不大好,但你都很能耐心聽我把話說完。」

「我覺得你認真的時候,很帥,尤其是修電器的時候,是個很帥的工具人。」(兩人相視一笑,先生明顯釋懷很多)

聽完,先生一臉認真地問,「心理師不是說要分享三個

嗎？妳怎麼才講兩個。」

太太慧黠地笑著說：「有啊，認真是一個，很帥也算一個。別討價還價，我先聽聽看你怎麼看我。」

先生開始緩緩說起自己眼中的太太：「我很謝謝妳的用心……」

太太著急著打岔，「可以不要說一些用心準備早餐這種事嗎？齁，真的是受夠你了。」

我示意太太等等，並請先生繼續說。

「自從媽媽生病，我顧工作跟媽媽疲於奔命的時候，妳還替我想到需要買什麼營養品來照顧媽媽，即使她對妳一直頗有微詞，我很謝謝妳的用心。」先生緩緩地說著。

「我很感謝妳的體諒與寬容，每次媽在我們面前抱怨著妳為她買的衣服太貴，妳總是先去廚房喘個氣，我也知道妳在哭。但回到餐桌時，妳都笑笑地裝作沒事一樣，我知道妳不希望我難堪。」先生認真看著自己在「肯定清單」上的筆記，卻沒看到對面正在拭淚的太太，「我很感謝妳的犧牲，清單上雖然沒有，但我還是希望可以讓妳知

道⋯⋯」

「妳怎麼哭了,我說了什麼不對的話嗎?」先生慌張地抽了衛生紙,我安撫先生後請他聽太太說。

「我很開心聽到你說,因為直到現在我才知道你有看見這些,也對這些有感覺,原來這一切在你心裡都不是理所當然。」

我示意先生可以用自己最自然習慣的方式照顧太太的情緒,先生坐了過去摟著太太的肩膀。

婚姻毒藥不是吵架而是忽略

這對夫妻的對話正是親密感重建的典型展現。它不僅是一場情緒的交流,更是一連串深具意義的互動:這樣的歷程正是關係維繫的重要元素之一——愛的地圖(Love Map),以及愛慕與欣賞(Fondness and Admiration)。

親密感的破壞往往不是因為一次激烈的爭吵,而是長期以來忽略了那些「看見對方」的日常時刻。當伴侶之間漸漸停止探索彼此的內在世界,不再關注對方的夢想、壓力

或情緒，關係就會慢慢降溫。「愛的地圖」並非靜態的記憶資料庫，而是一種透過持續關注與交流不斷更新的情緒連結系統，是伴侶之間了解彼此真實生活的重要通道。

正向感謝表達對另一半的欣賞

另一方面，愛慕與欣賞則被視為長期關係中最關鍵的正向能量來源。當伴侶能主動指出對方的優點、感謝彼此的付出，就算是在關係低谷或衝突頻仍的時期，也更容易保有互相尊重與溫暖。婚姻大師高特曼的研究指出，這樣的正向表達有助於抵抗關係中的輕蔑、冷漠與情感疏離，使伴侶在日常中持續感受到彼此的重要性與價值。

肯定，能找回彼此愛的連結

這樣的正向連結，也與其他心理學理論相互呼應。正向心理學的「擴大建立理論」指出，正向情緒不僅能擴展我們的思維與行動空間，更能在親密關係中累積心理韌性。其他長期追蹤的關係研究也發現，穩定的伴侶關係關

鍵並不單靠衝突解決技巧，而在於伴侶之間是否持續經營正向情緒的流動——像是一句鼓勵、一次善意的觸碰，甚至是一個專注的眼神。

當關係中長期缺乏這些正向的情感流動，即使外表看似平靜無爭，也容易陷入情感孤島的狀態。親密感不是一夕破裂，而是長期忽略微小連結的結果；而重建親密，也不是靠一次激烈的對話或改變，而是從一次次真誠的「看見與回應」開始。真正穩固的關係，不是沒有衝突，而是知道如何在日常中，重新連上彼此的心。

後來，太太寫信到諮商所表示現在關係變得比較好，他們也開始跟孩子表達他們對孩子的「看見」與「感謝」。孩子剛開始不大適應，但打電話回家的頻率也越來越高，回到家大家的互動更緊密。空巢期的孤單，就在「看見」中昇華。

伴侶溝通小學堂（一）

學習對另一半說好話

　　愛慕與欣賞是伴侶關係的核心，也是親密感的基石。伴侶談論親子教養的互動中，愛慕欣賞扮演了「情緒存款」的關鍵角色，能讓伴侶儘管在親子教養的立場不同，能仍以「同在、一起」的角色處理衝突，而非敵對、監督彼此的角色。

　　表達愛慕與欣賞的作用是讓對方感覺到「被在乎、被看見」，而不是有一種一切都是理所當然的感覺，因此我們是肯定伴侶這個人，而不是肯定事情。因此，表達的句型是：我很謝謝／欣賞你的＿＿（特質）＿，尤其是＿（具體事件）＿，對我來說＿＿（意義）＿＿。

　　例：如果另一半每天都堅持提早起床，為全家準備早餐。出門前也準備了一家人的營養品時，請選擇你覺得適合表達方式：

☐謝謝你的堅持，尤其是每天早上都幫我們準備早餐，讓我覺得有被好好照顧。

☐我覺得每天早餐都太單調了，可以的話想要不一樣一些。

☐早餐好吃、不錯。

☐早餐太多了。

例：老師常打電話／訊息跟另一半溝通孩子的事情，每次另一半在講電話／回訊息時總是露出煩惱的樣子，請選擇你覺得適合表達方式：

☐老師怎麼會一直打電話來？

☐謝謝你都耐心和老師溝通，讓我可以有比較多的時間處理自己的事情。

☐怎麼會有這麼多事情，孩子到底做了什麼事情。

☐你有跟老師溝通清楚嗎？不要讓老師對我們家有什麼誤會。

以下請你練習看看以上句子，並跟你的另一半分享你的看見與在乎喔！

我很謝謝／欣賞你的＿＿＿＿＿＿，

尤其是＿＿＿＿＿＿，對我來說＿＿＿＿＿＿。

我很謝謝／欣賞你的＿＿＿＿＿＿，

尤其是＿＿＿＿＿＿，對我來說＿＿＿＿＿＿。

我很謝謝／欣賞你的＿＿＿＿＿＿，

尤其是＿＿＿＿＿＿，對我來說＿＿＿＿＿＿。

請從以下挑選適合的字詞,應用在左頁的句型上。

體貼的	敏感的	勇敢的
聰明機靈的	深思熟慮的	慷慨的
忠誠的	誠實的	堅強的
充滿活力的	性感的	果斷的
有創意的	有想像力的	歡樂的
有魅力的	有趣的	支持的
考慮周到的	深情的	有組織的
有機智的	身體強壯的	優雅的
像朋友般的	興奮的	

二、轉向,或背離:
　　增加兩人的情緒銀行。

「我覺得你真的要好好改改。」太太對著先生說。

「你回到家都不跟孩子說話,就直接關在房間裡,這樣對於親子關係會有多糟你知道嗎?」

「我是建議你改變一下你想事情的方式,也多看一些專家的建議。」太太繼續說著。

「我也有陪孩子啊,怎麼說我都沒有陪他!」先生淡淡

地說著。

「我看到的陪就是你滑手機給他看,他當然喜歡搭在你旁邊啊!」

「我想要的陪伴是吃飽飯後,大家可以一起聊天,但一個在書房,一個窩在自己房間,家裡冷冰冰的不像個家。」

「我覺得如果你對這個家更有想法,這樣整個家才會有向心力,現在的家就像一盤散沙。」太太幽幽的說著。

「如果妳不要一直唸的話,孩子應該會多跟妳說一些話。」先生反擊著。

「說到這個我就覺得很不公平,要是你也可以一起管管他,我就不用當黑臉了。心理師,哪有人要媽媽當黑臉啊,家裡應該爸爸是黑臉,媽媽是白臉不是嗎?!」

「你有看到我在桌上放的那幾本教養書籍嗎?我每天都期待你可以有空拿起來翻一翻也好,但放了好幾天你連動都沒動過,我真的是不知道要說什麼!」太太眼角泛著淚。

「我覺得我真的好累,一個人撐著這個家真的好累。」

太太眼匡泛著淚說著。

「對——就妳最累，我們都一直在找麻煩。」先生背對著太太說話。

「孩子是喜歡跟我玩的，其實妳就放輕鬆一些。」先生接著說。

「怎麼放鬆，現在他上國中了，要趕快盯緊功課，哪來放鬆一點這件事呢？」太太又急又氣。

「你不要都這樣，什麼事都無關要緊，我的天啊，我怎麼會跟你結婚啊？！」太太音量越來越大。

「反正跟妳說什麼也沒用。」先生側向另一邊且喃喃自語。

成功婚姻有「我們」，失敗婚姻就是「你」和「我」

「我們」在伴侶互動出現的頻率，可以預測婚姻的成功與失敗。在許多研究伴侶溝通的研究發現，擁有長久且幸福關係的伴侶，兩人在互動時以「我們」開始對話的頻率相當高，且明顯遠遠高過於覺得自己婚姻不幸福的伴侶。

使用「我們」說話頻率高，象徵兩人的關係是平等的，對於家庭或關係的問題也是「一起」的，背後代表兩人對彼此的高度信任與親密感，這也就是「轉向（Turn Toward）」的互動關係：但如果伴侶較習慣「你」，則很容易形成「抨擊」或是「苛刻開場」（後面章節會有詳細說明），讓兩人形成不對等的權力關係，這樣的溝通反而越溝通越無效，這就是「背離（Turn Away）」。

沒有「理解」，「建議」只會消耗情感存款

高特曼在幸福伴侶和不幸福伴侶的比對研究發現，幸福伴侶在日常中高達 86% 的情感邀請會獲得「轉向」回應，而不幸福的伴侶在溝通中的的「轉向」比率僅有 33%。這些小小的回應會形塑出關係的「情感存款」（emotional account），而不斷建議往往是消耗存款的最快方式。因為我們的伴侶會覺得自己沒有被聽見外，並覺得不被尊重與理解。

「你可以試試看，不是用說的、建議的，而是用好奇

的、一起的心情,用問的方式接近妳的先生。」我對著太太說。

「如果妳真的不知道怎麼做,妳可以從這張「情緒探索問句清單」挑合適的問句,更了解先生怎麼想?怎麼做的?」我拿給太太「情緒探索問句清單」。

「可以多告訴我一些嗎?」太太試著問。

「孩子跟我說,他其實很想念小時候我們一起去露營,全家人一邊烤香腸、玩水。」

「那你沒有跟他說,那是現在他自己都把自己關在房間啊!」太太急著說。

「我們試試看,先不要急著給建議或解決問題,可以先問問看,多聽一聽。」我讓太太緩和下來,進一步嘗試。

「告訴我,我現在正在聽。」太太再繼續嘗試。

「他還跟我說,他夢到小時候,我們把他裹在毯子裡玩盪鞦韆,他笑得好開心。」

「他還說,他好喜歡小時候妳抱著他唸故事書……」先生輕輕拍著太太的手說著。

「但從我們要他考私中開始,一開始他也想達到我們的期待。但後來發現自己用盡全力但成績沒起色,好無力,但每個晚上又得帶著焦慮、挫敗去上補習班,他後來就崩潰了。」先生繼續說著。

　「他怎麼沒有跟我說過……」太太哭著說。

　「他看到我們那時候一直用鼓勵的方式,叫他向前看就好,結果卻忽略他的無力跟痛苦,最後他也不想說了。」

　「那…他怎麼會願意跟你說那麼多?!」太太看似有點吃醋。

　「就每天他在打電動的時候,我就問他『上路』什麼意思?你一直在叫『Jungle』上來,是在幹麼?」

　「我也不喜歡他打電動,但想了解他一些,所以就一直盧他。」

　「有次我自己受不了在旁邊打瞌睡,他把我搖醒,就跟我說那些術語的意思。」

　「後來有幾次他心情好像比較放鬆,就會跟我講一些心裡話。」

「妳叫我豬隊友，叫我看親子溝通書這些，讓我覺得妳也沒打算了解我，久而久之我也就覺得『算了』，甚至我更有點賭氣地不想再說些什麼了。」

「……但你看起來就像網路文章寫的『豬隊友』，我就很著急，覺得你怎麼可以這樣對我。」太太委屈地說著。

「我很害怕，這個家會越來越疏離，我會覺得再不做些什麼，這個家又會像我以前的家一樣，冷冰冰的沒有溫度，所以就好著急好害怕。」太太啜泣地說著。

有用的「建議」會在「理解之後」

在教養過程中，許多父母往往急於幫孩子解決問題，卻忽略了伴侶、孩子當下真正需要的、被理解的情緒，這是親密關係中孩子深層的需求。當我們習慣性地對別人提出建議，其實很容易忽略一件重要的事——那就是對方此刻真正的感受與需要是什麼。若沒有先理解，就急著給出建議，這樣的行為可能會讓對方感覺自己被否定、被批評，甚至無法被看見。

伴侶溝通是可以給予對方建議的,但必須先理解對方的情感、需求。唯有在理解的基礎上所提出的建議,才有可能貼近對方的現實與情感。被理解後,伴侶更容易敞開心房,接受他人的觀點或行動上的引導,才能不斷累積出「我們」的互動狀態,這就是有足夠信任且親密關係的具體展現。

探索問句能有效增加情緒存款

在溝通互動中,經由探索問句往往能增加情緒存款。探索問句的口訣是 5w,那是什麼(what)、誰(who)、什麼時候(when)、在哪裏(where)、怎麼做的(how),經由這樣的探索問句,對方可以說的更多更深入,就像對話中的先生,在太太的探問下,能夠說更多自己的發現與看見,讓兩人對孩子的狀況能討論的更深入。兩人也可以在這互動過程中,感受到對方想要跟自己「一起」面對問題、討論問題,這就是增加情緒存款的有效方式。

伴侶溝通小學堂（二）

用情緒探索問句增加情緒存款

　　使用適切的問句，而不是建議來回應對方，反而可以讓我們在對話中展現對對方的興趣，並且可以探索更深的感覺，增加彼此的情緒存款。

　　情緒探索問句表單如下：

1. 你有哪些感受？
2. 除了你剛說的，你還有什麼感覺？
3. 什麼是你最需要的？
4. 你真正希望的是什麼？
5. 有什麼覺得很混亂或矛盾的感覺嗎？有哪些呢？
6. 這些事情對你的意義是什麼呢？
7. 你說的事情裡，有什麼人或事情是你討厭的呢？
8. 你說的事情裡，有什麼事讓你很羨慕且欣賞的嗎？
9. 你真正想要告訴我的是什麼呢？

10. 如果你可以有一些不同，你會怎麼做呢？

11. 你對你的選擇有哪些正向和負向的觀點呢？

12. 可以多告訴我一些嗎？

13. 我想知道這一切給你的感覺。

14. 告訴我，我現在正在聽。

15. 請幫我多知道一些你的感受。

16. 告訴我你現在的需要是什麼？

17. 告訴我你怎麼想你的選擇？

18. 我想你好像有一些想法了，可以跟我說說嗎？

19. 我想你現在應該有些頭緒了，請你繼續說吧。

20. 告訴我你怎麼看這些事情跟處境。

Chapter 2

從共識到摩擦：
用情緒埋下的教養衝突

一、家是向孩子示範「衝突處理」的方式

　　小華的爸爸跟媽媽帶小華前來諮商，小華爸媽從踏進諮商室就不停地抱怨著小華的情緒。

　　「心理師，我的小孩每天都在『爆炸』，我真的快要受不了了！」、「她有時候一生氣就是一直尖叫，聽不進去任何聲音；或者是她生氣的時候，就會在家裡一直跑一直罵，我完全沒辦法跟她說話！」太太很生氣地說著。

「對呀！小孩每天都一直生氣，我每天都看她們母女兩個人一直在吵架，我都不知道怎麼辦。」先生很無奈地在旁邊述說著家庭衝突。

「不是啊！她一點點小事情都可以生氣，有時候我只是叫她把玩具收好，她就爆炸了！不然，就是我叫她先去洗澡，然後再玩玩具，她也可以生氣！所以，我才會生氣呀！」

「妳就不要一直罵她啊！妳一罵，她就更生氣。」先生說著母女之間的衝突。

「我不罵她的話，她哪會聽我說話呀！」

「可是，我好好跟她講，她就會去收拾東西呀！」先生反駁著太太的話語。

「我已經好好講了，就是講不聽才會生氣跟她講！」太太愈講愈生氣。

「老師，我覺得小孩一直爆炸，應該跟媽媽有關係吧！媽媽也是每天都在對她生氣。」

「她就都講不聽啊！所以我才會對她生氣。」

親子衝突常是夫妻衝突導火線

　　小華爸媽對於小華的情緒感到困擾,尤其是小華生氣時的尖叫以及親子衝突;除了小華的情緒外,小華爸媽也會因為小華的情緒而衝突,從親子衝突變成了夫妻衝突,家庭內的氣氛與情緒時時無法獲得平復與改變。

　　《中華心理學刊》2009年的親子三角關係研究指出,夫妻關係中一旦長期累積著未解決的衝突議題,包括:親子管教、夫妻原生家庭,都隱含著兩人親密關係的不滿足,並同時將夫妻問題以及與孩子之間的問題以「三角關係」呈現。

　　也就是說,小華的生氣情緒是小華爸媽之間感到困擾的事件,但是到後來卻呈現三角關係的衝突;夫妻之間也因為小孩的情緒問題而導致後續的家庭高張力氣氛。

　　「爸爸媽媽,聽起來小朋友的狀況讓你們很苦惱。」我說出夫妻之間的無力感受。

　　「對呀!我們已經軟硬兼施了,但是她還是聽不進

去。」太太對於孩子的狀況，完全不知如何是好。

「我們先想辦法讓小朋友的情緒穩定下來，看看能不能改善一些！」

「好啊！不然，我覺得我真的會被她氣到不行。」

「嗯嗯，那我們先來試試處理她的情緒。小朋友的狀況，只要先想辦法讓她的生氣降溫，應該可以先改善一些困擾。」我說著如何調適孩子的情緒，減低母女間的衝突。

「以下有四個方向的策略，主要都是處理小朋友在生氣當下的情緒。如果小朋友最近還是會一直生氣，可以分別交替使用（情緒調整策略，請參考之前著作《不是孩子不聽話，而是委屈沒人懂！》第 114 ～ 120 頁）。

當小朋友生氣的時候，你先試第一個軸度『投入—行為動作、投入—想法認知』，包括跟她討論解決問題的方法或是安慰她，如果小朋友還是生氣，那就往『轉移—行為動作、轉移—認知想法』方向前進，比如給她聽音樂、給她喝果汁或是看喜歡的書本、卡通等；記得，使用轉移，就是先不要跟孩子卡在情緒裡面。」

「爸爸媽媽,你們回去先幫我試試看,如果超過一分鐘,她還是卡在情緒裡面,你們就換下一個方法。因為每個孩子適合的方式不同,必須不停地找到適合她的方法。比如說:我家老大就是對吃很有興趣,所以當他情緒卡住的時候,我就會問他『晚餐想吃什麼?』或是拿餅乾給他。我家老二就對於『吃』無感,但是老二對聲音很敏感,我如果放音樂給他聽,他就開始跟著唱歌。所以爸爸媽媽也可以找孩子感興趣的事物。」

當小華爸媽對於小華的狀況感到苦惱時,心理師除了會思考夫妻衝突的原因外,也會嘗試讓小華的情緒先穩定下來;若可以先解除夫妻衝突的三角問題,才能夠讓彼此回到自己所需要面對的個人議題。

透過轉移和投入調整情緒

情緒調整可從「轉移」和「投入」兩向度著手,也就是可以選擇暫時把注意力從引起情緒的事件中轉移,或是投

入心力、正視問題並進行處理。而我們可以用「認知」和「行為」兩種策略，來達到「轉移」或「投入」；情緒調適策略中，包括以下四大類別「行為－轉移」、「行為－投入」、「認知－轉移」以及「認知－投入」。

大人不一定要馬上關注孩子的情緒或是關注孩子的錯誤行為，而是可以先暫時透過「行為－轉移」來增進孩子的情緒調適機制；例如：給孩子喜歡吃的餅乾、播放孩子喜歡的音樂、拿孩子喜歡玩的玩具出來……，透過轉移的方式來協助孩子穩定情緒。

隔了兩個禮拜，太太談到親子關係的變化。

「老師，她最近真的有比較好耶！我發現她生氣的時間沒有那麼長了，以前每次都要 30 分鐘起跳，現在大概 5 到 10 分鐘就好多了。」太太說著孩子的進步。

「對呀！媽媽發現她生氣的時間變短了。我是覺得好像本來每天生氣，現在大概就是一週生氣三至四天左右，次數變少了。」先生也看到孩子的改變。

「聽起來,小朋友的情緒慢慢在進步。你們也比較能夠好好跟她溝通。」

「對呀!不然,每次都跟她僵在那邊,我自己也覺得好煩,就會跟她發脾氣。」太太開始鬆了一口氣。

「我覺得這些都是小事情,媽媽真的不需要一直對小孩生氣!」先生說著太太跟女兒之間的衝突。

「你都不懂啦!每天都幾乎在忙工作,哪知道帶小孩有多累。」太太說著自己在面對孩子的壓力與情緒。

當小華的情緒慢慢穩定下來,小華的爸爸媽媽開始面對彼此的夫妻問題與衝突,因為外在歸因(小孩愛生氣)已經獲得解除,夫妻會開始進入個人議題的處理。小華的爸爸發現到,小華媽媽的情緒也需要獲得穩定的控制與協助;這往往也是夫妻之間開始正視彼此情緒問題的開始。

小華的媽媽從陪伴小華處理情緒問題的過程,媽媽也開始省思自己的情緒必須練習調適⋯⋯。

當小朋友的狀況越來越穩定後,媽媽在單獨諮詢的時候,主動跟我提起孩子與自己的轉變。

「老師,我覺得小朋友好像又更好一點了!現在大概只要五分鐘就會比較好。」

「老師,我其實覺得我自己也學習到好多,好像以前也是我自己跟她一起卡在那邊,然後我就一直對她生氣,然後她也跟著繼續生氣了。」

「老師,我覺得自己好像也有滿多情緒問題,反而以前比較過不去的是我,所以我現在也學著改變。」太太沈浸在孩子進步的喜悅中,也看見自己跟孩子相處上的改變。

「媽媽,聽起來妳也有一些不一樣的方法。」

「對呀!當我叫小朋友去喝水或吃餅乾的時候,我自己也必須要暫時冷靜。所以我自己也會離開那個地方,然後去房間喝個水,大概過個三分鐘回來,我發現我自己也不會生氣了,小朋友也比較好。」

「我自己也在想,好像需要改變的是我自己!而不只是孩子的問題!」

「老師,我覺得我自己好很多!小朋友也好很多了。」

「後來,我發現我跟我先生吵架的時候,我也會去喝水、或去拿東西,之後再回來跟先生說話。」太太看見自己與先生關係的變化。

大人應該先學習穩定自己情緒

人與人之間的關係是互動而來的,當小華媽媽在訓練小華轉移注意力去喝水(轉移行為)的同時,小華媽媽也離開問題情境三分鐘,隨著離開問題情境的三分鐘,也是小華媽媽「轉移行為」的情緒調適策略,不知不覺之中調適個人的情緒。相對地,在陷入夫妻衝突問題的當下,小華媽媽也嘗試採用轉移行為的方式來調適情緒,夫妻之間的衝突也獲得緩衝的空間與機會。

當我們慢慢發現,父母與孩子之間存在著三角關係,母親與孩子之間的情緒連結是最深的,倘若夫妻之間對於孩子的情緒理解有所差異時,大人可以試著先穩定自己的情緒與孩子互動,也許孩子的問題行為也會有所改善。

伴侶溝通小學堂（三）

找回被遺忘的情緒策略

當父母遇到孩子的情緒問題時，大人的情緒往往也會受到波動與影響。此時，父母如何讓自己冷靜且可以應對孩子的情緒反應，更是需要適當的調適策略。

以下有幾個策略，每個策略都是適合的，請想想那些曾經被遺忘且適合我們的調適策略。

☐ 1. 尋求另一半的幫助。

☐ 2. 離開孩子在的空間，先去喝水。

☐ 3. 深呼吸三次。

☐ 4. 在醫師評估後，遵循醫囑使用合宜的身心科藥物。

☐ 5. 向親朋好友抒發情緒。

☐ 6. 使自己忙碌於其他事情，讓自己的心思遠離問題。

☐ 7. 回到自己房間捶枕頭。

☐ 8. 打開電腦，投入工作任務。

☐ 9. 先帶孩子去玩玩具。

☐ 10. 與專業人員（如醫師、老師、諮商員）討論如何改善狀況。

以下將針對你上面所選擇的部分，了解自己習慣處理情緒的策略。

	轉移	投入
行為	離開問題情境或轉移注意力 2、3、9	發洩情緒或尋求安慰 5、7
認知	想讓自己愉快或專注的事 6、8	思考如何解除問題情境 1、4、10

以上的策略都是正確的方法，我們可以把每個策略交叉使用，讓自己的情緒獲得穩定調適的空間與機會，減低親子關係的惡化與衝突。

Chapter 2　從共識到摩擦：用情緒埋下的教養衝突

二、別讓伴侶間的四騎士，
　　影響親子關係

　　夫：「我們今天可不可以好好聊一下關於管教妳兒子的事，不要再岔題了。」

　　妻：「我可以啊，當然可以啊。我每次都想好好聊啊，只是你不想聽而已。」

　　夫：「我哪有不想聽，講得我很不關心兒子的樣子，妳知道兒子的聯絡簿都是我簽的嗎？」

妻：「我沒有否定你，我只是要讓你知道，我沒有不想聽，我沒有不關心兒子。」

夫：「我也只想讓妳知道，我為兒子付出了很多，妳都不知道！」

妻：「不是要講管教兒子的事，是誰先岔題的！蛤！」

我暫停了他們的對談，並不是因為雙方的情緒，而是雙方的這幾句對話，是無效且傷害彼此的溝通，繼續下去不會讓本來想講的立場、感受更清楚，反而讓關係中的信任、親密撕開一道裂口，闖進了「敵意」，一個最傷關係，最能預測「離婚分手」的元素。

我：「互動中有多少這樣的時刻呢？」

夫：「也不能說總是這樣，但說到管教兒子的時候，都是這樣，不會有結果，很痛苦。」（攤開雙手）

妻：「原來你也覺得痛苦，每次講到後來你都不回應我，怎麼跟你說你都看著手機，我真的氣到快抓狂！」

夫：「只有妳痛苦嗎？妳總是高高在上，我只要講到我也很努力，妳就擺一個臉色，對，心理師你看，就是這個

臉。」

妻：「難道我笑也不行，你連這個也要管就對了。」（翻白眼）

如何處理衝突才是關鍵

在親密關係的日常互動中，衝突從來不是婚姻的致命傷，真正造成關係破裂的，是我們「如何衝突」。

高特曼的研究發現，擅長且幸福的伴侶們，往往在意見分歧、情緒高漲的爭執中，依然能展現出高品質的溝通技巧。他們使用溫和的語言表達不滿，擅長傾聽、理解彼此立場，甚至合宜的展現幽默來修復衝突氛圍。他們能在爭執中釐清彼此需求，進而達成共識或至少達成尊重的理解。他們的溝通呈現出「即使不同意，也仍然彼此照顧」的態度。

溝通四騎士是夫妻關係殺手

然而，對比之下，關係不幸福伴侶的溝通充滿破壞性的

模式。象徵不可逆且毀滅性的親密關係「四騎士」——批評、輕蔑、防衛、築高牆——會在衝突中反覆出現,特別是其中最具破壞力的輕蔑（Contempt）,幾乎是婚姻走向終結的最佳預測因子。

這些伴侶在衝突中容易從原本的議題轉向人身攻擊,語言中充滿挖苦、嘲諷與鄙視,讓整場對話失去焦點,只留下傷害與羞辱。研究進一步指出,四騎士的頻繁出現,與婚姻在八年內破裂之間具有高度因果關係。

情緒高壓影響全家人身心健康

這樣的互動不僅侵蝕伴侶關係,也對整個家庭系統造成長期的壓力,家庭氛圍在無形中變成情緒的高壓鍋,尤其當輕蔑與防衛反覆上演時,伴侶雙方的心理與生理系統都會受到衝擊。研究顯示,當伴侶處於激烈爭執中,身體會進入「情緒氾濫（flooding）」狀態,心跳加快、皮膚導電性升高、認知功能下降。在這種狀態,伴侶不僅難以理性對話,長期下來還會造成免疫系統抑制,與身心症狀如焦

慮、憂鬱、心血管問題等有高度相關。

因此,輕蔑從不是單一語句的問題,而是一種深層的人際毒素。當它持續存在於伴侶溝通中,不僅撕裂彼此的連結,也會逐漸將整個家庭拉入慢性壓力的泥沼。相反地,透過學習婚姻大師的溝通模式——理解、尊重、情緒調節與修復,我們不僅能提升伴侶關係的穩定度,更為下一代建立一個更健康、溫暖的情緒文化。

我請雙方再次暫停溝通,並且分析剛剛的對話。

「我相信你們對於自己的想法沒被理解感到無奈,但也對對方變得那麼對立,不像從前能一起面對、處理事情,那樣的感覺,那樣的關係,更感到挫折。」(兩人眼神從生氣轉為落寞)

「並不是你們選錯了人,做錯了決定。在婚姻溝通中,有很多時候是『有毒溝通』撕裂彼此的親密感,形成有害的『敵意』。所以剛剛的對話裡面,我聽到了關係四騎士完全都出現在你們的對話裡。」

兩個人眼神中閃過一絲驚訝,因為這從來不是他們的原

意。

「還記得你們第一次見面的場景嗎？還記得你們決定要告白的經驗嗎？一起攜手想要結婚的那一刻，還記得嗎？」

「這個人沒有變樣，但是你們之間多了『四騎士』，我想邀請你們試著把剛剛想說的話再試試用等一下我跟你們分享的方法說說看。」我緩緩地說著。

兩人沉默了一下後，先生先說：「我發現兒子長大了，有很多他的想法，但我擔心他太固執，在學校會被欺負。」

「我知道你很擔心他，但是你有時候越兇，他就會越退縮，就越不跟我們說。」太太眼神跟語氣溫和了許多。

「以後我們就慢慢說，我知道你在著急，但以前的你都常念著，要讓我和以後的家充滿歡笑聲，不要像你小時候的生活一樣，你也一直有在努力，我知道。但不急，孩子的問題我們一起慢慢講，一起讓這個家再次充滿歡笑，好嗎？」太太輕拍著先生的手說著。

「……我會努力的」先生點頭說著。

伴侶溝通小學堂 (四)

練習辨識溝通中的四騎士

有時候,我們習慣性說出了「有毒的話」,傷害了親密關係,讓親人變敵對,溝通變得無效。但當我們學會辨認這些壞語氣,選擇更溫和的方式說話,就能保住愛,也保住在孩子面前的好榜樣。

請閱讀以下對話情境,勾選對話是屬於哪一種四騎士呢?

情境 ❶:孩子不斷詢問是否用平板玩遊戲

你說:「你看都是你,一回到家就滑平板,孩子都跟你一樣!」

A. 抨擊 ☑　B. 輕蔑　C. 防衛　D. 築高牆

情境 ❷:孩子作業沒寫完

你說:「每天都是我在盯作業,你真的是一個好爸爸/媽媽啊(翻白眼)」

A. 抨擊　B. 輕蔑 ☑　C. 防衛　D. 築高牆

情境 ❸：孩子的老師打電話來說，孩子上課總是遲到

伴侶說：「老師又打來說哥哥這星期已經遲到三次了，要早一點帶孩子出門！」

你說：「不要看我喔，這應該不是我一個人的責任而已喔。」

這段回應是？ A. 抨擊　B. 輕蔑　C. 防衛 ☑　D. 築高牆

情境 ❹：另一半希望你督促孩子寫功課

伴侶：「你可以看一下孩子有沒有寫功課嗎？」

你：「…………（專注滑手機）」

伴侶：「你看一下孩子有沒有寫功課好嗎？！」

你：「…………（專注滑手機）」

這段回應是？ A. 抨擊　B. 輕蔑　C. 防衛　D. 築高牆 ☑

＊想一想，你和伴侶的互動中，最常見的四騎士是哪個呢？你真的想表達的是什麼呢？

A. 抨擊　B. 輕蔑　C. 防衛　D. 築高牆，

我真的想表達的是＿＿＿＿＿＿＿（期待）　　　　。

Chapter 3

從共鳴到靜默：
失控的溝通毒素

一、沒有舞伴的雙人舞——
抨擊與防衛

　　小禮第一次踏進諮商室，說著婚後的家庭生活，對於家庭、對於工作、對於夫妻互動，說著說著，眼眶充滿了淚水……小禮開始一句句訴說在婚姻婆媳關係中的壓力與無力感。

　　「先生以前因為輪班的關係，所以回家的時間都不一定。以前跟公婆住在一起，所以婆婆會幫忙照顧小孩。」

「我平常白天都在上班,回到家之後就忙著照顧孩子,因為我怕婆婆不開心,所以幾乎都沒有休息的時間。」

「先生每次在家的時間,婆婆就會叫他去休息、去睡覺,然後就都是我在照顧小孩;我覺得照顧小孩好像是我一個人的事,他只要把工作做好就好了。」

「有時候回到家,看到婆婆在拖地,我就要馬上接手;所以每天都在家拖地、照顧小孩,有忙不完的事情。」

「當婆婆在家的時候,先生就什麼事情都不用做;所以,我覺得他跟孩子也不親,就像另一個被照顧的小孩。」

「後來,我發現我從小孩出生後就一直忙碌,白天工作、晚上照顧孩子,半夜也會被孩子生病驚醒,照顧小孩成了我一個人的工作。」

「後來,只要看到先生,我就會生氣,然後想要跟他吵架。」

「我會指著他,跟他大小聲⋯⋯

『你為什麼都不照顧小孩?回家就躺著休息,你哪有資格當一個爸爸。』、

『你怎麼一天到晚在睡覺？你沒有看到孩子需要幫忙洗澡嗎？你就站起來幫他們洗澡，不是自己一直在休息。你就是一個懶惰鬼。』、

『你怎麼都不幫忙做家事？我回家就一直忙、一直忙，你是大爺嗎？』、

『你只會睡覺，根本就不在乎我們，也不想要陪我們吧！你一個人就自己享受生活，然後我們都累得要命。』、

『你知道小孩這星期學校有活動嗎？又是我一個人要參加，你知道這樣很丟臉嗎？大家都以為我們家是單親了！』……」

「他也會跟我說：『妳幹嘛那麼兇』、『妳就不要做啊！讓媽去照顧小孩』，到後來就會乾脆不說話。」小禮愈講愈生氣，夫妻之間對話總是衝突結束。

兩性溝通策略不同

對於小禮來說，從孩子出生就承擔著身為母親的壓力，尤其是一個人獨自面對婆婆與小孩，照顧子女的責任與壓

力重重壓在小禮身上；小禮為了表達自己的不滿，所以總是以「抨擊」開頭，指責先生對家庭付出的不足，也常常會以「你都／你都沒有⋯⋯」責備著先生對孩子陪伴的欠缺。先生也用「我哪有／妳才是」回應著小禮的不滿，兩個人之間的衝突越來越大，無法溝通到彼此原本想談的議題，但卻多了許多的敵意及不信任。

根據高特曼對伴侶衝突模式的研究，大部分會使用「抨擊」（用「你都」或「你都沒有」，並且攻擊對方的特質）的大多是太太，而先生大部分都採用防衛的方式。主要是男性的生理機制較容易因為情緒衝擊而無法負荷，所以男性大多會採用迴避的方式，避免衝突持續增加，但這樣的攻擊與迴避的互動只會讓兩人越離越遠。

小禮一句句說著自己在婚姻中的壓力與不適。

「我覺得他都不在乎孩子！孩子怎麼可能不照顧？」

「我怎麼可能不做事啊？婆婆一天到晚都在那邊看著我，我都快累死了！」

「我跟他說:『你就是個媽寶,哪裡像一個爸爸』、『你連小孩讀哪一班都不知道!』」

「他每次聽到就很生氣,然後就跟我吵架;有時候,他乾脆就繼續睡覺,我就更生氣了,他憑什麼可以這樣?」

「我跟他說:『你再這樣下去,小孩根本就不認識你了!』、『你平常加班不在家,回家也在睡覺,根本不陪小孩玩。』」

「我發現我越來越不快樂,我開始每天都悶在房間裡面,我就是想躲在房間裡。」

「直到有一天,我發現我好像生病了!我每天都睡不好,我開始會莫名其妙地躲在房間哭。」

「我要不就是一直吵架、不然就是一直哭。」

「我覺得我好像出問題了!」

「當先生發現我越來越不快樂,我才跟他說我的生活,先生才知道我原來一直都這麼忙碌。他跟我說:『媽說妳常常都在生病,所以才在房間。』」

「從那時候開始,我才知道婆婆說了不好的事情,所以

先生才沒有關心我。」

「聽起來，從結婚開始，妳很多事情都自己忙著。會不會妳也一直很少告訴先生，妳的生活呢？先生知道妳承受著這麼多的壓力嗎？」我整理了小禮的無力感。

小禮：「……」

可以抱怨但不要抨擊

在關係的衝突之中，我們擔心四騎士中的「抨擊」出現時，往往帶著「尖銳」的口氣，然後就會開始出現言語的攻擊，之後就會讓雙方的討論與溝通無疾而終，最後留下雙方都無法解決的問題；就像小禮在與先生對話的時候，都會很尖銳地以「你」開頭，批評先生的不是，反而讓先生不想再說話。

事實上，溫和的開始與對話能夠讓雙方願意多談並找出解決問題的方法，例如我們在面對朋友的時候，會跟對方說「你忘記拿傘了，需要我幫忙收好嗎？」但在面對家人時，可能會因為親近而跟對方說「你忘記帶傘了，怎麼每

次都忘東忘西的,我下次就不幫你拿了!」

在伴侶溝通與對話之中,因為雙方甚少表達自我內在的期待與想法,如果一方採用攻擊、一方採用迴避的策略,反而無法讓兩個人好好說出彼此的想法與期待。倘若您是發起攻擊的一方,反而會讓彼此更不舒服;通常,我們會建議可以說出自己的想法與感受,我們可以「抱怨生活,但不是責備」另一方。也就是針對一個現象進行抱怨,而不是責怪對方的人格特質。

我開始跟小禮討論,「當妳一味地指責先生,好像不能真的改變先生,而且讓你們兩個都很不開心。」

「如果先生不知道妳一直以來的想法,是不是可以考慮直接跟先生說說看呢?但是,在使用用詞時,可以試試看從『我』開始,比較像是跟先生說出你們的感覺跟想法,然後讓先生知道如何一起照顧家庭。」

小禮慢慢學習使用「我」的對話,溫和地說出自己的想法與期待,小禮也發現自己跟先生的互動關係漸漸有所轉

變。

「後來,婆婆剛好要回去照顧生病的家人,所以家裡就只剩下我們四個人,我跟先生說:『我的下班時間有時候很不一定,我需要你幫忙接小孩。』於是先生就必須要開始調整工作的時間。」小禮分享跟先生溝通方式。

「先生跟公司說,要調整成早上八點到下午五點的時間工作。」小禮提及先生也跟公司提出自己的想法。

「我跟先生說:『我最近公司比較忙碌,可能會需要加班,我需要你幫忙接送小孩。』所以他就會去接送小孩上下課。」

「我跟先生說:『我想要跟同事晚上去聚餐』,他就會準備小孩的晚餐。」

「我跟先生說:『我需要自己的時間去運動,醫生建議我多運動、回復精神狀況。』所以他就會在家陪小孩寫功課。」

「我跟先生說:『我想要週末回娘家,能請你帶我回去嗎?』所以他就會陪我回娘家走走。」

「我跟先生說:『我很累,因為我昨天晚上太晚睡、沒有體力陪小朋友去公園玩。』所以他就會接送小孩。」

小禮分享著,自己已經逐漸找到與先生溝通對話的方法。

「溫和開場」是最佳解毒劑

在過程中,小禮開始調整自己跟先生對話的互動方式,採用「溫和起始」,較能夠著重談論自己的想法與感覺,而不會陷入批判對方的不足或指責;甚至,小禮可以具體跟先生說出自己需要幫忙的地方。

在伴侶溝通對話的過程,採用「溫和開場」,反而能夠回到自身的感受與想法,可以盡可能在過程中有以下的原則:「清楚表達事實與困難」,當我們能夠具體且明確的表達「我很累(主觀立場的感受),因為我昨天晚上太晚睡(客觀事實)」,取代對彼此的責備與人格批評「你都自己在休息,你是一個媽寶(人格批評)」,更能夠回到問題的解決與改變,提出「幫我接孩子」(建設性的需

求），更能夠讓對方理解，並提供實質的互動。

如果我們都可以微調彼此的溝通方式，加入一點點的小改變與對話，從「你都⋯⋯」變成「我是因為⋯⋯」，不僅可以傳達出自己的想法與期待，也讓彼此多了更多的理解與陪伴。

伴侶溝通小學堂（五）

「溫和開場」取代「抨擊」

先認識開場句型與 4 原則：

(1) 用「我」開始語句，避免用「你」起始。

(2) 客觀描述：我聽／看到＿＿＿＿＿＿＿＿＿＿。

(3) 表達立場：我的感覺／想法＿＿＿＿＿＿＿＿。

(4) 建設性行動：我希望／期待（要具體、可操作的行動）。

例子 1：當回到家看到孩子跟伴侶玩過的玩具丟的滿地都是，心理又想到還有很多家事時⋯

(1) 客觀描述：我回到家看到滿地的玩具。

(2) 表達立場：我覺得好沮喪好疲憊，因為我好想趕快休息，但又得收拾還有其他家事。

(3) 建設性行動：我希望你們除了收好自己的東西，還可以幫我洗衣服。

例子 2：當你問孩子晚餐想吃什麼，小孩開心地說他想吃 Pizza；伴侶聽到後不客氣地表示「幹嘛讓他選？他只會挑想吃的，他哪知道什麼營養！」

(1) 客觀描述：我看到孩子本來期待開心變成失望的臉。

(2) 表達立場：我覺得很挫折，我本來是希望大家一起開心吃飯聊天的。

(3) 建設性行動：我們還是可以讓他知道我們的想法，但也給他一些選項，讓他至少覺得他有選擇，好嗎？

請試試看用你們曾經用過的「抨擊」，將其改寫成「溫和起始」，讓彼此更能知道對方的立場與需求喔！

客觀描述：我聽到／看到＿＿＿＿＿＿＿＿＿＿＿，

表達立場：我感覺／覺得＿＿＿＿＿＿＿＿＿＿＿，

建設性行動：我希望＿＿＿＿＿＿＿＿＿＿＿。

二、快爆炸的壓力鍋——
　輕蔑與防衛

　　「心理師,我是一名老師,對我知道心理諮商並不一定是有問題的人才會來,但我覺得我太太真的太小題大作了。」

　　「我們家其實沒有太多大的問題,只要我們能溝通就沒問題,是因為她說要來,我也陪她來。」

　　「我對我們的孩子非常了解,孩子是需要去要求的,我

們的考科也有考到心理學,但我覺得有些觀念真的是太寵孩子。」

太太默默坐在旁邊,眼神透露了無奈,聽著先生的開場白。

「我覺得你對孩子的要求⋯⋯嚴格到他們最近咬指甲的頻率很高,你知道你回家時他們⋯⋯」太太壓著聲音且撮搓弄著雙手,並試著修飾自己的詞彙。

「哼!原來現在要求孩子也不可以」,先生看著心理師,翹起單邊嘴角笑著。

「你可以不要把話理解成這樣嗎?」太太依然小心翼翼地表達。

先生聽了之後翻了白眼,「這個我已經說過很多次了,如果一點苦都受不了,那以後進到社會怎辦,我的孩子我自己會管,妳要寵要害他們我無法認同。」

「孩子們真的很焦慮,甚至連家庭醫生說他們的腸胃問題可能也跟情緒有關!」

我打斷了他們的對話,向伴侶說明剛剛的部分。「你們

的對話中,有兩個有毒的溝通,『輕蔑』跟『防衛』。尤其是輕蔑的部分讓我更在意,因為在短短對話中出現頻率極高。輕蔑是研究上最容易造成分手或離婚的因子,我們一定得暫停它。」

先生彷彿想再多說些什麼,我示意請他等一下。「輕蔑的內在語言是『我比你好,我可以管你。』看起來的樣子是嘴角單邊上揚或是翻白眼。」

太太表示:「他常常這樣對我⋯⋯我表達我很委屈,但他都不懂,終於這種感覺可以被別人說出來。」

輕蔑是最具破壞的溝通方式

輕蔑(contempt)被認為是所有負面互動中最具破壞性的溝通方式,輕蔑甚至是預測離婚最強的關鍵因素。輕蔑不僅是情緒的表達,更是一種心理上的優越感,常以嘲諷、冷眼、譏諷、挖苦、翻白眼、諷刺口吻⋯⋯等形式出現。

高特曼愛情研究室研究中,婚姻幸福的伴侶,幾乎觀察

不到這類溝通模式,這些夫妻即使有衝突,也以尊重、理解、甚至幽默感來回應彼此的不滿。

孩子在輕蔑中學到衝突是無法解決的

當一段關係中輕蔑的語言與行為頻繁出現時,這種負向情緒不只是伴侶之間的問題,它會在整個家庭系統中擴散蔓延。家庭成員——特別是孩子——也會受其影響。這樣家庭的氛圍就像「壓力鍋」,每個人都會感受到敵意跟一觸即發的衝突瀰漫在家庭的氛圍中,這樣環境長大的孩子,容易出現焦慮、逃避依附、人際困擾與自我價值感低落的問題。

主要關鍵是當家庭中充斥著輕蔑與批評的語氣時,孩子學到的不是如何解決衝突,而是如何攻擊、否定與防衛,也往往對衝突感到極度無能為力,在往後的關係中也會過度逃避衝突,或是在衝突中重現最熟習的輕蔑與批判。

家庭中的「輕蔑」會引發身心症狀

更深層的是，這種長期存在於「壓力鍋式」關係中的環境，也會對生理健康帶來影響。伴侶在衝突期間若常處於生理過度激發狀態（例如心跳過快、呼吸急促），會導致慢性壓力，進一步削弱免疫系統功能。這與心理神經免疫學研究的發現相符：長期處於高壓環境中的人，其免疫系統會遭到抑制，更容易出現心血管疾病、腸胃問題與焦慮憂鬱等身心症狀。

因此，輕蔑不是只存在於一個語氣、一句話中，它是一種關係中的慢性毒素，會瓦解尊重、拉遠距離，並且把整個家庭拉入慢性壓力與健康風險的惡性循環中。

「我們得讓這個有毒的溝通離開你們，你們才能聽見彼此真正想表達的聲音。」

「我想邀請你們先做一個練習，請你們聊聊，從認識到交往，再到兩位決定也願意結婚，到現在。這麼多年中，有沒有一件事情是你很謝謝、感激對方的呢？」

「我們學生時代就認識了,他是一個很勇敢的人,當時我被同學們耳語的時候,我一直記得那一天,他突然在下課跑上台跟所有同學說,不要讓班上任何一個人覺得被欺負,我知道他在幫我,我一直記得那一天,我很謝謝他讓我不孤單。」太太講著這句話時看向先生。

先生低頭靜靜聽著,過一會他說:「她一直很好,我很衝,她很包容我……」

接下來的伴侶諮商中,先生的態度有較大的轉變,用「我們」說話的頻率增加,說話的語氣也明顯較為溫和。

「我覺得事情都沒有變,我還是不確定這樣會不會太寵他們。」先生有點擔憂的說著。

「難道你沒發現,最近你回到家的時候,孩子就一直巴著你要跟你講學校的事情,你還覺得有點煩,不是嗎?」太太笑著說。

「以前的家裡只有你的聲音,孩子的害怕,我的退縮。」

「現在的家充滿了大家的聲音,我很開心。」

透過感激重新連結關係

輕蔑所代表的內在意涵是「我比你高一等」的姿態，透過嘲諷、譏笑、翻白眼傳遞滿滿的「敵意」，所以是最恐怖的關係毒素。

輕蔑的最佳解毒劑是「感激」，也是減緩關係中敵意的重要方式之一。親密感的本質，有很大一部分是友誼。所以當敵意取代了友誼，伴侶就會發現那個原本覺得可以被接住、支持陪伴的人不見了，變成了監督者、敵人，於是在關係裡感覺到孤單。感激，是一種在日常互動中持續看見對方美好、表達肯定與感謝的方式，對於能夠重建連結、恢復尊重是關鍵的元素。

在我邀請伴侶回溯過去、尋找那些曾讓彼此感動的瞬間，不只是喚起記憶，更是重啟感激系統的開關。太太談到先生在學生時期為她挺身而出，那一刻的勇氣與陪伴，讓她多年後仍心存感謝。

從彼此指責到共同討論

感激的文化一旦被重建,輕蔑所造成的「敵意」會在親密關係中慢慢褪去。從「指責對方的做法不對」變為「共同討論怎麼做更好」,語言開始出現「我們」,聲音變得溫和,連孩子都感受到了這份轉變。

在這樣的氛圍中,曾經藏在輕蔑底下的孤單與無助,逐漸被感激與連結所取代。雖然非常不容易,但因為伴侶曾經相伴相愛,彼此尊重過,因此過去的美好經驗仍舊是能突破困難,重新看見且表達感激的關鍵。這段伴侶的互動,就是「建立表達感激文化」很好的例子:感激不是一個口號,而是用來取代關係中毒素溝通的修復機制。

伴侶溝通小學堂（六）

「建立感激的文化」創造滿滿的親密關係

在親密關係中化解「輕蔑」的關鍵是，表達感覺跟需求，並且建立起感激的文化，所以最好將我們的需求與感受，夾在對伴侶的感謝中表達，創造更親密、平等的親密關係。

原則：

(1) 表達自己的感覺與需求

(2) 不要覺得自己高伴侶一等

(3) 不要描述／評論你的伴侶

句型：

(1) 感激：謝謝你＿＿＿＿＿＿＿＿＿＿＿＿＿＿＿＿。

(2) 感覺／需求：我的感覺／需要＿＿＿＿＿＿＿＿＿。

(3) 感激：謝謝你＿＿＿＿＿＿＿＿＿＿＿＿＿＿＿＿。

例子1：你的伴侶只專注於工作，但對陪伴孩子卻沒有頭緒與方法，假日時常常坐在孩子旁邊看著你尋求協助。

(1) 感激：謝謝你＿＿＿＿＿＿＿＿＿＿＿＿＿＿＿＿＿。

(2) 感覺／需求：我的感覺／需要＿＿＿＿＿＿＿＿＿。

(3) 感激：謝謝你＿＿＿＿＿＿＿＿＿＿＿＿＿＿＿＿＿。

參考答案： 謝謝你努力工作養家，讓我們可以更安心。如果假日到了我們可以放鬆一下，我滿想假日帶孩子們去戶外走走動動，明天有沒有想去哪裡。謝謝你都在想工作的事，還可以一起陪孩子。

例子2：你的伴侶在吃飯時，不斷滑手機卻沒有跟孩子有互動，在吃完飯後的時間。

(1) 感激：謝謝你＿＿＿＿＿＿＿＿＿＿＿＿＿＿＿＿＿。

(2) 感覺／需求：我的感覺／需要＿＿＿＿＿＿＿＿＿。

(3) 感激：謝謝你＿＿＿＿＿＿＿＿＿＿＿＿＿＿＿＿＿。

參考答案：今天謝謝你有幫我處理洗衣服的事，不然我都覺得忙不過來。但我很想要在吃飯時，大家可以有多一些互動，你可以放下手機多跟孩子聊聊他們學校的事，這樣比較靠近啊。

希望大家可以建立感激的文化，讓原本想說的話能更好的表達，不要讓「你聽我的就對了」這樣的心態影響到了我們的關係。

成為彼此神隊友:在教養裡重新牽手

Chapter 3　從共鳴到靜默:失控的溝通毒素

三、關係與教養中的火藥庫──
　　築高牆引起的情緒氾濫

「你知道你女兒又在學校跟人家吵架了嗎？」太太對著先生說。

「老師一直打電話來，我真的覺得好煩，你可以處理一下嗎？」太太持續生氣地說著。

「你從公司回來，就什麼都不管，女兒的事情都是我在處理，你可以處理一下嗎？」更大聲地對著先生說。

先生眼神漠然，似乎放空看著前方。

「她現在進入青春期，我跟她講話她要嘛都不理，不然就是掉頭就走。」

「真的是氣死我了，她情緒控制能力越來越差，對我也動不動就大吼大叫。」

「我真的受不了了，如果可以我也想離開這個家！！」太太大吼著。

我用手勢示意先生回應太太，先生嘆了口氣低下頭。

太太看到了之後更生氣，手叉著腰惡狠狠地瞪著先生。

先生看著且玩弄著自己的手指，看起來不在意的樣子。

「那就離婚啊，如果你對我這麼不在乎，那就離婚啊。」太太大聲說道。

先生身體微微一震，但仍舊看著牆壁，再慢慢將眼神轉向我。

從我的視角看去，坐在雙人長沙發右邊的太太，全身緊繃用力，呼吸急促地瞪著先生。

坐在沙發左手邊的先生，默默地看往我的方向，表情平

淡且默然。

兩個人呈現的強烈的情緒對比。

我請他們戴上「血氧機」時，太太的脈搏衝破 100 次／分鐘。

太太正要反擊先生時，我請兩人停下來，並且帶領他們進行放鬆技巧的練習，兩個人才慢慢緩下來。

暫停對話緩解情緒氾濫

當我們在親密關係中進入激烈爭執、彼此情緒高漲、心跳加速、語速上升的狀態時，這就是「情緒氾濫（Flooding）」。這種生理與情緒過載的狀態會顯著降低我們的理解力與理性思考能力，使得原本有建設性的溝通，轉而演變成指責、攻擊與防衛的迴圈。

在這樣的時刻，繼續溝通不僅無效，反而可能進一步破壞關係的信任與安全感。因此，當察覺情緒氾濫時暫停繼續對話，並進行生理與心理上的自我安撫是重要的。

這種「暫停不是逃避，而是保護關係」的態度，需要透

過平時的練習來建立。這種技巧稱為「自我安撫（Self-Soothing）」，在婚姻研究中發現，能夠在衝突中有效安撫情緒爆炸的自己與伴侶，這樣的關係離婚率顯著降低。

如果伴侶雙方應在沒有衝突時就能練習「安撫對話」，學習如何有效調節情緒與表達需要，以便在衝突升高時能夠反應，能讓兩個人更能感覺到在關係中有衝突也是可以安全的。

「妳有沒有覺得，女兒吼起來就跟妳一樣。」

「我也跟妳講過，妳可能有那個躁鬱症，女兒也跟妳一個樣。」先生責備太太。

「我有去看過身心科醫生了，他說這不是躁鬱症，你不要都怪在我身上。」太太說著。

「我覺得我已經控制我的情緒控制的很好了，是你們把我氣成這樣的。」

「另外，人家不是都說吵架不能吵過夜，該溝通的就要溝通清楚。」太太氣急敗壞地說著。

「可是每次要跟你溝通時，你都不回應我，我真的好氣好難過。」太太搗著胸口說著。

「我的心跳又跳得好快！」

我帶領他們進行放鬆技巧訓練，並且讓夫妻試著談論「自我安撫」。

練習情緒調節與安撫做孩子的榜樣

這樣的練習不只是為了夫妻本身，更深遠地影響到家庭中的下一代。孩子會內化父母在情緒表達與衝突修復中的行為模式。當孩子看到父母能在衝突後修復、彼此理解與擁抱時，他們便學會「衝突不是危險的，它可以被修復」。

反之，若他們長期暴露在情緒爆炸或冷漠無解的家庭氛圍中，即便知道「不該大吼」，卻無從學習如何在情緒來臨時用健康的方式應對。他們只會依賴身體與經驗記憶中最熟悉的應對方式──壓抑情緒、強忍，再突然爆發大吼大叫。

因此,父母若能在衝突中發現需要調整情緒,並使用安撫技巧與修復對話,不僅能提升伴侶關係品質,更是在教養中為孩子建構一套健康的「關係修復與情緒表達範式」。這是情緒教養中最關鍵,卻也最具影響力的家庭傳承。

伴侶溝通小學堂（七）

事先約定情緒氾濫時的「解方」：自我安撫 4 大步驟

「築高牆」在親密關係會引發強烈的「情緒衝擊」，會讓沒被回應的那一方身心反應被過度激化，甚至無法有效溝通。因此，通常我們需要在「情緒衝擊」出現時，有效的減緩身心壓力，並且做好修復溝通，讓伴侶對衝突更有掌控感，才不會讓無力跟害怕成為衝突溝通的代名詞。

以下有四個步驟可以化解「築高牆」所帶來的情緒氾濫：

❶ **暫停手勢／暗號：**

在平時就要跟伴侶溝通好，當情緒衝擊出現時，只要一方使用約定好的手勢／暗號時，雙方就要開始進行暫停溝通。例如，將雙手十指交叉成 X⋯⋯。

你們的手勢／暗號會是＿＿＿＿＿＿。

❷ 冷靜空間：

在平時要和伴侶討論好，當手勢出現後，雙方可以待在哪個空間彼此冷靜。記得，要清楚討論避免模糊。更重要的是，需要討論你不希望的情境及原因，例如，我不希望你出門，因為我會有被丟下或擔心的感覺。

你可以好好待著冷靜的空間：＿＿＿＿＿＿。

你的另一半可以好好待著冷靜的空間：＿＿＿＿＿＿。

❸ 冷靜時間：

一般來說，我們從情緒衝擊自然緩和下來的時間約是30分鐘左右。如果可以進行有效的放鬆則可以更快地緩和下來。相反的，如過在過程中有更多刺激性的對話，則緩和下來的時間會更為加長。

請跟你的伴侶討論一個大約在20到40分鐘左右，彼此都可以好好緩和的時間＿＿＿＿＿＿。

❹ **修復問句：**

修復問句不是用來解決問題的,而是對於雙方在情緒衝擊過後,讓彼此可以幫助彼此更多有效溝通的問句。主要關鍵是讓彼此更了解,造成情緒衝擊出現的溝通為何,並且有效避免下次再次重現不良溝通。

(1) 可以讓我了解你情緒衝上來的原因嗎?

(2) 我現在可以讓你了解我情緒衝上來的原因嗎?

(3) 我們未來可以怎麼避免?可以怎麼說?

Chapter 3 從共鳴到靜默：失控的溝通毒素

四、夫妻也能鬆口氣——
釋放教養權利

小裕剛開始進入遊戲室，不敢去接觸任何一個玩具，當我們要選擇玩具進行遊戲的時候，小裕會看著喜歡的玩具，然後跟我說：「老師，你決定玩什麼都可以。」

我發現到小裕無法自在選擇自己喜歡的物件，會有比較多的猶豫與躊躇。第一次會談結束後，我與爸爸媽媽諮詢的過程，了解小裕對於玩具的矛盾感。

「他在家也常常這樣很難做決定；每次我們出去吃飯，我如果說一個要去的餐廳，他說不要；換了下一個也不要，最後全家就都僵在那邊，什麼都無法吃。」媽媽分享著小裕在家中的狀況。

「後來，我問他要吃什麼，他也說不出口；只會一直說不要。最後，我們就會很強硬地決定要吃什麼。他才會勉為其難地順著我們的選擇晚餐。我們這樣好像又逼他接受我們的想法，但是，我們又希望他有自己的想法，可是這樣耗下去也不是辦法，我們都不知道怎麼辦。」

後來，我在與媽媽繼續諮詢的過程，媽媽說：「其實，他好像在家決定事情都會反反覆覆。」

我問媽媽：「他在家會不會決定要吃什麼之後，最後被否決掉？」

媽媽回想著家庭的互動，「好像會耶！他有時候決定要吃水餃，爸爸就會說上次吃過了；如果決定要吃飯，爸爸也會說不要每次都吃飯。好像最後都會被爸爸否決。」

「我也沒有要故意否決他啊！只是，他每次都做不對的

選擇。」爸爸突然反駁著媽媽的說法。

「你一下要我們決定，我們決定了又說不好。我也常常不知道要怎麼選。」

「我不是說他不好，只是他每次都不會決定呀！」

媽媽開始認真思考著，「那⋯⋯我們還要讓他做決定嗎？」

給孩子意見反覆，增加家庭衝突

華人的父母親習慣在孩子成長過程中給予意見，但同時又希望孩子可以為自己做決定，所以時常陷入矛盾的掙扎中。看來是開放讓孩子做選擇，但是實質上又會擔憂孩子的選擇不恰當，所以常常會在反覆中缺少共識的交集，進而造成關係的衝突。

後來我在跟爸爸媽媽諮詢的過程中，慢慢理解到雙方的癥結在於溝通差異。

「我常常也會面對爸爸的矛盾，但是，我後來就不知道怎麼跟他談這件事情！因為他都會一下想要我決定，後來

又覺得我決定得不好就否定，我可以不理他，但是小朋友就沒辦法了！」

小裕爸爸提出自己的想法，「因為從小很多事情都無法決定，就很想要讓小孩有做決定的機會。但是，當發現小孩決定不夠好的時候，自己就會想要快點教他；所以，就會否定小裕的決定。」

「因為我的家庭常常都會鼓勵我們決定，然後我就能夠自己決定很多事情；先生可能看到我可以做決定的自由，就想要帶給小朋友這樣的機會，但是卻又會很矛盾、掙扎。我也會鼓勵他要給小朋友做決定的機會，所以我們常常就會有意見不一樣的時候。」小裕媽媽談著兩個家庭的差異。

當夫妻之間有落差的時候，可能來自於原生家庭或過往經驗的差異，所以彼此都有自己的「看見」；於是面對孩子的問題時，也會有各自不同的看見與想法，只是，當父母之間的意見不一致時，反而讓孩子無所適從。

小裕的爸爸一部分想讓孩子決定，但是卻又擔心孩子做

得不好而給予限制，因此讓小朋友感到矛盾，進而影響孩子在面對生活抉擇的反應，就像小裕想決定，但又覺得每個決定不夠好。正如同小裕爸爸的反應一樣。

讓孩子練習自己做決定

我跟小裕爸爸討論，我們要不要考慮給小裕一個機會；相信小裕可以做決定，而我們在遊戲治療的過程，也會讓小裕開始練習做決定，爸爸媽媽可以在生活中給孩子做決定，但是先不要急著否定。

如果真的會擔心小朋友不知道怎麼做決定，我們可以先給孩子選擇題，然後讓孩子做有限的選擇；既可以訓練孩子做出好的決定，但也同時是我們認為可以給孩子的選擇（關於遊戲治療，請參考之前著作《不是孩子不聽話，而是委屈沒人懂》）。

當小裕狀況越來越穩定，而且開始可以練習慢慢為自己做決定。

小裕的媽媽單獨與我進行家長諮詢的時候說：「我覺得，每次看到爸爸跟小朋友相處，我就會覺得好崩潰！我真的無法接受爸爸跟小孩相處的方式。」

「比如說，小朋友會問我說：『可不可以吃這個餅乾？』我說：『不可以，你吃太多餅乾了！』小朋友就會轉身跟爸爸說：『媽咪說不可以吃這個餅乾，你覺得呢？』爸爸就會說：『沒關係，這個不會太甜，可以吃！』然後，小朋友就跑去吃餅乾了。」

「我覺得爸爸都是用自己的方式在照顧小孩，根本就不尊重我的想法。明明我已經說了我的想法，他還是會照自己的方法做。」

「而且，我覺得小朋友好奇怪喔！一下子問我的意見，然後又要去問爸爸，好像就是在討好爸爸。那為什麼要問我啊？」

「他們就自己決定就好了啊！」

「妳覺得先生好像不太會尊重你在教養上面的想法？」我提出了小裕爸媽兩個人在教養上的想法。

「對呀!我後來都覺得,他雖然也想一起照顧孩子,但是每次都打亂我的照顧步調。」

「妳很希望教養可以一致,但是妳覺得先生還是有很多自己的想法,並沒有實際遵守你們談到的方式?」

「對呀!我就是覺得這樣很討厭,我知道他是為了孩子好,也已經盡量不插手他們父子時間了,但是,當遇到小朋友一下問我一下問先生的時候,我就是會生氣。老師,你覺得我要怎麼做比較好?」

釋教養權力也是一種教養態度

從親子教養的角度來看,夫妻之間雖然要儘可能同步,但還是會有不一致的狀態存在。當夫妻之間無法形成一個完全的共識時,有時候會想要改變另外一方的想法,但也發現每每談到這件事情就會有衝突跟爭執,此時,孩子往往會找對自己有利的一方進行詢問並做選擇。

像是小裕知道媽媽不會讓自己吃東西,但是爸爸是有機會的,就開始鑽漏洞了,夫妻也會因為孩子鑽漏洞成為衝

突的來源。

此時，夫妻之間若無法達成共識，或許可以由一方開始「釋放權力」，也就是說，原本教養責任都在太太身上，但是在無法有共識的狀態下，可以釋放出教養的權力給另一方。

「妳很努力要跟先生一起，但是，總是會看到不一致或不同步的狀態，無法接受先生的想法。」我跟小裕媽媽談著彼此在教養上的想法。

「我現在有時候在廚房整理東西，我聽到他們父子倆在說話的聲音，我就會想要跳出來制止先生不對的方式。」小裕媽媽說。

「那妳在廚房的時間，先生也會自己照顧小孩？」

「大部分的時間，他們都可以好好玩，先生也會照顧孩子；所以，我就會在廚房做事情。」

「什麼原因讓妳可以留在廚房做事？」我提出了我的好奇。

「其實，先生會照顧小孩、陪他一起玩、也會注意他的功課，我那時候就可以安心在廚房做事；除非，聽到他們在吵架，我就會跑出來，制止他們的衝突。」小裕媽媽慢慢看見先生在教養上的陪伴。

「好像大部分的時間，先生都可以好好陪伴小孩，小孩也比之前進步很多；妳能接受自己再給先生多一點點的親子空間嗎？這時候，說不定就是妳的 ME TIME ？」

「好像可以耶！我也想要自己在廚房好好收拾東西，就讓他們父子好好約會。呵呵，那我釋放一點點時間，讓他們約會好了。」

「好像他們父子一起看棒球、一起聊棒球、一起玩棒球，他們父子的約會時間有一樣的興趣與喜好，也是滿重要的。」

對於小裕的媽媽來說，看到先生對於孩子的善意，也知道先生希望可以共同照顧孩子，雖然有些方式無法苟同，但是透過釋放權力的方式，小裕的媽媽也多了自己的

彈性與休息時間；先生也能夠盡到教養上的責任，以自己的方式去陪伴小孩。

父親扮演玩伴母親提供安全感

從兒童發展心理學的相關研究指出，夫妻之間可以在教養上有不同的任務與分工；因為男性與女性在先天的特質與生物機制差異，所以給予的教養任務有所差異。也就是男性具有創意性與活動性，可以在教養上擔任玩伴（playmate）的角色，而太太在親子互動上因為先天的生物機制（餵養母乳）以及母性特質的穩定，所以主要擔任照顧者（care-giver）的角色。

而在研究上面也顯示，若孩子與父親之間能夠有更多的玩樂時間，其數理學習以及邏輯論證的能力會有所提升；而孩子與母親之間有穩定的關係互動，則安全依附感與情緒穩定度更高。

雖然有的母親會覺得，如果完全把教養的責任交給先生會有所擔心與不確定感，但是，如果能夠在沒有危及重大

安全狀態底下,也相信先生對於孩子的關心與在乎,或是讓父子時間成為他們的秘密時間也是很可貴的。

　　原本的我,也是對於教養有自己的想法,但是在某些時刻,發現先生在跟孩子相處的時間,有屬於他們父子的小秘密與小默契,我也默默在某些時刻退出教養的自我要求,期待父子之間的約會時刻,然後我就能夠好好享受自己獨處的時間。每個禮拜三的晚上,是孩子與先生的約會時間,他們三個會在家中一起聽音樂、彈吉他與打鼓、組成一個專屬父子三人的樂團;這段時間,我也可以好好工作、好好做我自己的事情。

伴侶溝通小學堂（八）

教養任務的分工練習

　　夫妻之間對於教養會有不同的任務與分工，有些事情是可以共同完成的，但有些事情是可以彼此分工合作的。

　　以下可以由伴侶之間共同檢視家庭內的教養任務，並思考雙方之間可以如何進行分工與討論：若為太太可以完成的，請在媽媽底下打「✓」；若為先生可以完成的，請在爸爸底下打「✓」；若為太太與先生都可以完成的，請在爸爸與媽媽底下打「✓」。

爸爸　媽媽　（C = care-giver 照顧者，P = play-mate 玩伴）

☐　　☐　　1. 晚上唸故事書給孩子聽　　　C

☐　　☐　　2. 跟孩子一起運動、打球　　　P

☐　　☐　　3. 帶孩子到公園玩樂與遊戲　　P

☐　　☐　　4. 陪孩子一起用餐　　　　　　C

☐　　☐　　5. 幫孩子洗澡、洗頭髮　　　　C

		6. 跟孩子一起寫功課	C
		7. 帶孩子去補習班上課	CP
		8. 陪孩子去圖書館借書	CP
		9. 跟孩子一起桌遊遊戲	P
		10. 陪孩子一起睡覺	C

以下將針對你上面所選擇的部分，重新看見伴侶之間在孩子教養過程中的角色，倘若您對於另一半在家庭教養上的任務有所不確定，可以嘗試在以上的任務之中分配一半的工作給伴侶進行。

	玩伴	照顧者
先生		
太太		

Chapter 3 從共鳴到靜默：失控的溝通毒素

Chapter 4

從裂痕到拉鋸：
穿越無解的教養矛盾

一、認同差異，
　　成為不完美卻緊密的同盟

　　小偉是幼稚園中班的孩子,小偉的爸爸媽媽對小偉的狀況非常擔心,小偉媽媽說:「小偉在家都好好的,但是不知道為什麼在學校就是會差這麼多?」

　　「小偉在家中的情緒穩定,但是學校老師說小偉在同學跟老師面前都不一樣,在老師面前是個乖巧聽話的孩子,也是最貼心的小幫手;但是,老師發現到小偉有時候在同

學面前又不一樣，會看到小偉出手打小朋友，或是在老師看不到的時候就偷偷做壞事。」

「老師覺得，是不是爸爸媽媽管小孩太多，所以讓小孩太壓抑，在學校就做很多調皮的事情。」小偉爸爸在旁邊跟著說。

「小偉會有打小朋友的問題，都是因為爸爸平常會生氣就罵小孩或打小孩，小孩才會打人。」

「小偉媽媽每次都跟小孩用說的，但是小孩根本就不會聽，只有用打的方式才能讓小孩乖乖聽話；如果用講的有用，就不用打小孩了。」小偉爸爸回應著媽媽的管教方式。

「每次爸爸用打的，並不是真的讓小孩聽話，反而只是把小孩的情緒壓下來，所以才會去學校搗蛋。」小偉媽媽跟爸爸兩個站在不同立場。

當看到爭論不休的小偉爸爸與小偉媽媽，我知道他們兩個都用心培養與照顧孩子，只是兩個人對於教養觀念出現衝突；但也因為爸爸媽媽的衝突與不一致，所以小孩開始有人前人後不一致的狀況，所以我也好奇地問了爸爸媽

媽,「小偉是不是也會說謊?」

小偉的爸爸媽媽頓時不說話,然後說:「老師,你怎麼知道?!」

教養不一致孩子鑽漏洞

在與小偉爸爸媽媽會談的過程,我跟爸爸媽媽談及小偉的狀況必須要有一致的教養觀念,並不一定是爸爸或媽媽有錯,但是因為爸爸媽媽的不一致,所以讓小偉有很多鑽漏洞的狀況。

當爸爸媽媽發現小孩的行為出現前後不一致、說謊或偷竊時,往往與父母之間對於教養沒有共識有很大的關聯,因為父母常常會有不一致的狀況,小孩也會很敏銳地觀察到不一致的存在,所以也有鑽漏洞的機會。

比如說:媽媽不讓小孩吃冰,但是爸爸偷偷帶小孩吃冰,然後跟小孩說「不要被媽媽發現,我們都不要說,這樣就沒事了。」

當孩子常常聽到「不被發現就沒事」的說法,孩子就會

學習到可以「說一套，做一套」的行為方式，慢慢地就會衍生成「說出來的話，只要不被發現真相就好了」，也就是說謊的行為；隨著孩子慢慢長大，會開始衍生成「做的事情，只要不被發現真相就好；只要我拿了東西，不被發現就沒事」，也就產生偷竊的行為。

當我跟小偉進行遊戲治療的過程，小偉會跟我一起玩撲克牌等遊戲。

在遊戲的時候，小偉都會在我沒有發現的狀況下，偷偷假裝在打哈欠或找東西，然後翻開卡片，偷看下一張牌卡；或是在整理牌卡的時候，偷偷地把最厲害的一張牌，擺放在最下面，然後在洗牌之後發到自己的前面。

看著小偉每次在遊戲過程的小動作，我指出小偉在遊戲中的反應。

「你好像偷偷看到我的牌了耶！」、「為了公平，換我洗牌一下好了。」

剛開始，小偉都會矢口否認有看牌，或是抗拒讓我洗

牌；但是，小偉後來也會偷偷笑了一下，然後乖乖把牌放回去；在幾次遊戲重複後，小偉發現我都會知道他有沒有換牌，最後就不再翻牌，也把牌卡放回原本的位置。

在遊戲治療的過程中，我開始明確指出小偉行為的不一致性，小偉也開始修正自己的行為，同時也減少了偷看牌的次數，甚至到最後幾次的遊戲治療過程，小偉不再翻開手上的牌卡，同時也不會有說謊或偷竊的行為出現。

都是為孩子卻引發更大的問題

教養的過程中，父母之中往往會有一個屬於權威的一方，會採用威嚇或是較為堅持自己的教養，但是若父母親過於固著自己的教養與堅持，當比較期待家庭表面和順圓滿的一方，為了避免親子衝突而會帶著孩子偷偷做另一個方向的決定。

比如說，媽媽不讓小孩吃冰，但是爸爸偷偷帶小孩吃冰，爸爸為了讓孩子吃冰，但又不想讓媽媽生氣，就會陽奉陰違，表面跟孩子說不能吃冰，但是私下卻帶孩子去買

冰。爸爸表面認同媽媽的教養策略，但是私下卻帶著孩子進行偷偷摸摸的行為，反而造就了孩子人前人後不一致的狀態。

若就教養來說，父母親都是為了孩子好，媽媽是擔心孩子的身體狀況，所以不讓孩子吃冰；爸爸則是擔心孩子被媽媽罵，所以就帶孩子吃冰；其實，雙方的出發點都是為了孩子好，只是在欠缺良好溝通的狀態下，反而造成了孩子後續的問題行為與家庭衝突。

在與小偉爸爸跟媽媽會談時，我提出我對於小偉問題行為的看見，「小偉今天的前後不一致或是說謊偷竊的行為，主要來自於兩個人都是為了孩子好，但是因為態度不一致反而造成小孩偷偷摸摸的壞習慣。」

「我讓孩子在諮商中看見行為一致的重要性，同時也讓孩子知道，我們會進行確認，來降低孩子偷換牌或偷看牌的行為。」

「若爸爸媽媽擔心小偉還有後續偷竊的行為，我們可以嘗試先共同確認雙方對孩子的要求，或是在孩子有說謊行

為時，務必要跟另一方求證，之後再跟孩子討論；避免以自己的觀點去跟孩子對話，或是挑戰另外一個教養者的立場。」

在後續的諮商中，我跟小偉爸媽討論了彼此在教養上的期待。

「我其實想要先生跟小偉的關係是好的，所以會想要先生可以好好跟小偉說話！」小偉媽媽說著期待的親子關係。

「我其實是想要太太跟小偉的關係是好的，所以會想要幫忙妳跟小偉說話，不希望你們母子兩個後來都不開心。」小偉爸爸說著親子關係的重要。

我跟小偉爸爸說，「如果我們換一個方法，當太太快要生氣的時候，你也可以參與他們的對話，但是用比較溫和的方式說話；也就是當太太快要爆炸了，你先讓太太去休息，但是，換一個好好說話的方式跟小偉溝通。我們的目的都希望不要讓關係不好，那就換另一個也是好好說話的人。」

「不用大聲說話嗎？孩子聽得進去嗎？」小偉爸爸驚訝問著。

「如果大聲說話會讓關係變得不好，也讓孩子有不一致的行為；那我們就換一個方法試試看，目的是讓孩子穩定，不要有說謊或不一致的行為，因此要先調整三個人的關係。」

小偉爸爸媽媽在會談後，找到了一致的方向：讓孩子可以穩定。

當父母雙方對於教養不一致的時候，後續就容易衍生孩子的情緒或行為問題；爸媽透過孩子諮商評估，了解到問題來自於教養的不一致，也因此小偉的爸爸與媽媽在會談後，找到了一個共同的目標，同時也慢慢減低了小偉的問題。換句話說，在專業的協助下，為夫妻之間找到一致的方向，也是重新搭起伴侶之間溝通的橋梁，也讓孩子的問題可以逐漸減低。

伴侶溝通小學堂（九）

檢視另一半和自己的經驗差異

夫妻容易因為成長經驗以及原生家庭的不同，對於生活會採取不同的態度與做法。試著透過以下表格檢視你和另一半是否有很大的落差，並思考和討論可能的做法：

	太太的原生家庭	先生的原生家庭
假日生活安排	☐ 外出旅遊活動 ☐ 在家休養生息 ☐ 拜訪親戚家人 ☐ 參與社團活動 ☐ 其他：＿＿＿＿	☐ 外出旅遊活動 ☐ 在家休養生息 ☐ 拜訪親戚家人 ☐ 參與社團活動 ☐ 其他：＿＿＿＿
家庭飲食安排	☐ 晚餐在家準備 ☐ 晚餐購買外食 ☐ 晚餐在外用餐 ☐ 晚餐無固定安排 ☐ 其他：＿＿＿＿	☐ 晚餐在家準備 ☐ 晚餐購買外食 ☐ 晚餐在外用餐 ☐ 晚餐無固定安排 ☐ 其他：＿＿＿＿
家庭金錢規劃	☐ 固定銀行存錢 ☐ 投資購買股票 ☐ 一半存錢，一半投資 ☐ 存錢：投資＝__：__ ☐ 其他：＿＿＿＿	☐ 固定銀行存錢 ☐ 投資購買股票 ☐ 一半存錢，一半投資 ☐ 存錢：投資＝__：__ ☐ 其他：＿＿＿＿

請從以上所勾選的部分,說一個印象最深刻的經驗,讓對方知道你的家庭故事:

	太太的原生家庭	先生的原生家庭
假日生活安排	我所勾選的是:_____ 時間: 地點: 事件:	我所勾選的是:_____ 時間: 地點: 事件:
家庭飲食安排	我所勾選的是:_____ 時間: 地點: 事件:	我所勾選的是:_____ 時間: 地點: 事件:
家庭金錢規劃	我所勾選的是:_____ 時間: 地點: 事件:	我所勾選的是:_____ 時間: 地點: 事件:

二、夫妻衝突不是難溝通，是無法聽見彼此的「情感」與「價值」

　　小安進入諮商室後，先聊著孩子的問題行為，接下來開始談到夫妻之間的溝通與困難。

　　「我覺得我跟我先生真的無法溝通耶！」

　　「我們兩個在生小孩之前，很多事情都是可以溝通的；但是，有了孩子之後就差很多了。」

　　「我覺得還有另外一個原因是，他後來就自己創業當老

闆,很多時候就都會用帶員工的方式跟我說話。當然,我也都是以照顧小孩為主,我就會希望他可以多幫忙一點。」

「後來只要談到小孩的事情我們就會吵架,他就像老闆似的跟我說話,因此我會很生氣地說,『我又不是你的員工』。」

「後來,我跟他說話,他都不理我;他說他講話跟不上我的速度,但是我都有跟他說,要把事情說出來才能夠溝通。」

「我發現,到後來他就開始不說話,好像都不理我。」

「聽起來,你們在生小孩之前是平等地位的溝通。但是,有了孩子之後,他好像在比較高的地位跟你說話,妳是要聽他說話的員工一樣。」我提出了小安與先生之間相處的困難。

「對呀!我又不是他的員工,而且他很多小朋友的事情都不一起做,好像我要負責家裡全部的事情。」

「我本來也是有工作的,是因為有了孩子之後才要照顧

家裡；不能因為我都沒有在外賺錢，他就覺得他負責賺錢，他就是老闆。」

我說著小安對於關係的期待，「妳覺得夫妻之間應該是平等的，而不是有地位的高低差別。」

從平等到失衡的夫妻關係

小安本來跟先生有很好的互動關係，但是自從孩子出生之後，小安跟先生之間的溝通越來越困難。在先生還沒有創業之前，小安還覺得很多事情都可以跟先生一起討論，先生也會尊重她的想法；但是，當先生開始創業後，小安覺得先生總是用老闆的方式在對話，把小安當成是公司的員工，家中的事情都必須由小安負責。

小安原本有獨立生活能力，在孩子出生後選擇以家庭為主而放棄工作；小安認為自己應該在家中享有對等的互動關係，但小安感受到先生以經濟為基礎，反而讓小安感受到「掌有經濟大權的人，才是老大。」小安為此感到困擾，並且與先生的衝突日漸加劇。

在華人傳統文化之中,「男主外,女主內」是存在已久的家庭分工法則;然而隨著社會文化的轉變,女性開始擁有工作能力,同時也具備經濟能力後,雙方互動的起始點是平等的,但小安家中經濟大權的轉變,間接造成互動關係由平等轉換成獨權,形成了夫妻之間的衝突來源。

「當了媽媽之後,我的重心都放在家裡,照顧小孩就是我最主要的工作。」

「我覺得一部分是我自己也想要好好陪小孩,另一個部分是我也覺得自己有點完美主義,好像什麼事情都應該由我來安排。」

「我先生就覺得我管得太多,他本來會想要一起照顧小孩,後來就乾脆都不跟我一起了。」

「我真的就只是想要當好媽媽的角色,讓小孩有比較安全舒服的環境。可是,他後來就是什麼都不做,也不願意跟我說話,在家好像隱形人。」

迴避式溝通造成更大誤會

小安因為以家庭為主,所以會想要盡心盡力照顧好孩子,但是先生卻以工作為主,或是認為小安都以孩子為主的時候,雙方之間的關係就會越走越遠,因為兩個人的共識越來越少,也越來越少時間可以共同溝通育兒的想法,導致形成了「築高牆」的溝通型態,這種選擇迴避式的溝通,反而造成了更多的差異與誤會。

利翠珊等學者在 2018 年針對 15 位華人伴侶進行研究,結果發現丈夫在面臨婚姻歧見時,重視的是目的、而非過程上的共識,因此在建立共識的過程中,他們傾向以退讓的方式避免爭端。所以,很多先生為了能夠達到避免衝突的目的,通常選擇退讓、尊重太太的意願,但這樣的做法卻不容易形成共識;若太太依然希望先生參與育兒過程的,無可避免就會持續有摩擦與衝突的產生。

當雙方在孩子誕生之後,面對孩子的教養有所落差;往往在這時候,心理師也會開始看見雙方原生家庭的落差,並從中聽見彼此差異性的故事⋯⋯。

伴侶的衝突與差異：原生家庭的故事交匯

「聽到這邊，我有點好奇你原生家庭的故事，說說你跟媽媽是怎麼相處的。」我好奇小安的原生家庭故事。

小安說著自己原生家庭的互動模式，以及跟先生原生家庭的差異。

「我覺得我的家庭跟他真的差很多耶！我在家排行老二，我不像哥哥跟妹妹都被媽媽照顧得很好，我很多事情都要自己來；媽媽花比較多的時間照顧哥哥跟妹妹，我雖然也好想被媽媽照顧，但是很少有機會。」

「我的爸爸在我小學四年級時過世了，高中之後，媽媽跟一個叔叔在一起，所以我回家也都自己一個人。」

「從高中開始就住校後，我都自己生活。大學自己賺學費、自己打工、自己上學、自己住在外面。如果回家，也是很偶爾才回去，回家也是只有我一個人在家。」

「我已經很習慣自己照顧自己了。」

「我先生的家跟我很不一樣，他從以前就是媽媽照顧得很好，什麼事情都是他媽媽會處理好，他爸爸就是以工作

為主,很標準的男主外、女主內家庭。」

「我覺得先生的媽媽把他照顧得很好,所以先生從來都不關心家裡的事情,就跟他爸爸一樣。我就是一直忙,想要把小孩照顧好。」

我提出原生家庭的差異與影響性。

「聽起來,你們的家庭落差很大耶!妳媽媽沒有照顧妳,所以妳要很認真照顧好自己,讓自己可以生存下去,妳很渴望像哥哥妹妹一樣被照顧;先生的家庭則是媽媽無微不至地照顧,所以他只要照顧好自己的工作就好了。」

「某部分,妳的家庭讓妳變得很獨立;但是,某個部分是,妳又覺得自己想要彌補自己過去的童年,像妹妹一樣被照顧,妳給孩子最好的環境,減少孩子辛苦,所以妳完全以家庭為主。」

「對呀!我自己有時候也會很矛盾,一方面希望孩子獨立,但是一方面又希望小孩可以依賴我多一點點。」小安看見彼此的差異性。

當我們邁入婚姻並且有了孩子之後,不自覺都會複製我

們童年的家庭互動，但也會想要去翻轉自己的童年。小安的童年充滿了母親照顧的遺憾與惋惜，先生的童年則是傳統男女分工家庭，爸爸以事業工作為主；此時，彼此原生家庭的「代間傳遞」就在家庭中蔓延。

代間傳遞複製原生家庭模式

「代間傳遞」是指上一代有目的或無目的地影響到下一代的教養態度與行為。1998 年《教育心理學報》歐陽儀與吳麗娟針對台北市六所國民中學一年級與二年級學生，共計 338 組青少年子女與母親，共 676 人進行研究。研究發現：外婆教養方式會透過母親依附關係而與母親教養方式間，存在著間接代間傳遞關係。心理學的社會學習理論學者認為，父母親會將自己父母教養行為當作模範，藉由觀察學習以及過去與父母互動的經驗過程，孩子會將原生家庭父母的教養方式做為自己未來為人父母教養的典範，學習如何成為父母與教養孩子；而這種觀察學習會內化成為自我的一部份，個體往往不易覺察到，而在教養中，不知

不覺採取同樣的方式來教養子女。

孩子出生後，**翻轉**了夫妻原本的平等互動模式。小安複製原生家庭模式，期待當一個稱職的父母以彌補自己的童年；先生複製了父親的模式，以事業為主，不參與家庭工作。這樣的翻轉挑戰了彼此對家庭的想像與期待，從平等到權力不對等，小安逐漸感受到先生與自己的差距，也對於家庭有更多的失落，進而造成了兩個不願意溝通的「小」大人，帶著雙方原生家庭的遺憾與差異，在他們的家庭中傳遞著。

夫妻成長差異，看不見真實矛盾

我跟小安在諮商過程討論著原生家庭的故事與討論。

「前面聽了不少妳們原生家庭差異的故事，不知道妳跟先生有沒有好好去談談彼此的童年？」

「我跟先生都會聊天！但是，沒有很認真去談過自己原生家庭的故事。」

「在當了父母之後，我們可能都帶著原生家庭中的爸爸

跟媽媽角色進入婚姻之中，不自覺間會把父母照顧我們的方法，帶入我們跟孩子的關係。」

小安看見彼此並未好好談過原生家庭的故事。「我沒有跟他講很多耶！他可能也不知道我爸媽離婚的事情吧！」

「很多時候，我們都用自己的方式在解讀爸爸媽媽的角色，但是實際上有很多部分都來自我們過去多年的原生家庭，如何跨越原生家庭的限制，反而需要一段事情整理自己，並看見過程。」

「我從來沒想過會影響這麼多。」

「或許，我們可以試著在情緒穩定的時候跟伴侶談一談自己原生家庭的成長故事，也許對方會了解我們跟孩子的互動多一點點，甚至可以討論對更多事情的想法與做法。」

回顧原生家庭重塑理想爸媽角色

當夫妻開始育兒之後，兩個人都有很多時間在談與孩子的共處，卻少了很多可以談談彼此生活以及與原生家庭互

動的時間。所以我們會建議夫妻在溝通育兒的時候，除了談論孩子當下的問題外，雙方可以「聊聊彼此原生家庭的故事」，從原生家庭的故事去看見彼此心中所想像的家庭畫面，反而能夠看見彼此對父親角色以及母親角色的想像與期待；唯有看清彼此的期待，才能在溝通之中找到共識，找到兩個人心中的爸媽角色。

伴侶篇：伴侶原生家庭經驗，形成無法退讓的僵局

「我覺得不用讓孩子受到這麼多的限制。」先生主動向太太說著。

「可是老師現在都在反應他上課的狀況太奇怪了，他跟其他孩子都不一樣。」太太回答。

「自在做自己、探索世界不是一件最重要的事情嗎？」先生聲音稍高。

「對，我們有討論過，是，做自己是重要的，但他也要能社會化啊！」

「我覺得是老師在針對他，上課哼個歌、跳舞沒關係

吧！」先生不耐煩地說。

「我很擔心老師如果一直注意他，會影響到他的人際關係，我們應該一起叮嚀他。」太太認真地說著。

「我不認為這是好事，這樣會扼殺小孩創意、探索的能力。」先生開始有些情緒。

「心理師，我看了很多心理學的書，學齡前應重視小孩的探索及自我發展，這時期不是最關鍵的時期嗎？」先生轉向我尋求答案或心理上的支持。

「可是我也看了親職教養的書，小孩在這個時期正是發展社會規範跟適應團體生活。你看幼稚園老師也都在訓練小孩的生活常規，就是為了讓小孩可以適應團體生活啊！」太太也轉向我論述自己的立場。

身為伴侶治療師的我，面對伴侶轉向心理師問問題時，我深知最重要的不是回答或找出「正確答案」，而是引導伴侶回復「有效溝通模式」。

「這樣的問題有多常被拿出來討論呢？」我簡單進行釐清與確認。

「這很常讓我們衝突吵架,更困難的是,只要吵這類的問題一定都沒有結果,所以我們才想找專業心理師來幫我們。」太太說著。

「還很多啊,包括小孩要幾點上床睡覺、吃飯能不能看電視、幼稚園時期可不可以用平板等……我們都完全沒有結論,所以我就覺得我少管小孩的事情罷了。」先生說道。

「對啊,平板的部分我真的沒辦法接受,網路文章有說平板對孩子的大腦發展會有影響……」太太說著。

「我給他玩平板是讓他玩益智類的,現在有很多可以訓練小孩邏輯的 APP,我覺得那明明就很好,但我不懂為什麼一定要墨守成規呢?」先生抱怨著。

「可是我們可以買紙本的東西來給他練習啊,不要讓他這麼快就依賴 3C 吧!」太太有點生氣地說。

這樣的衝突並沒有失控,但伴侶雙方並沒有辦法從中產生交集,主要的原因就在於他們在討論「衝突的過程」。其實他們很關心,也想投入孩子的生活,爸爸的角色對孩子有幫助。

永恆問題不是災難，而是深層價值及情感未被理解

在伴侶教養的實務中，許多衝突看似圍繞著具體的育兒問題，例如「孩子能不能使用平板？」、「吃飯能不能看電視？」、「該不該讓孩子更自我或更規律？」但其實背後反映的是更深層的價值差異。這類衝突稱為永恆問題（perpetual problems），指的是來自性格、信念、生活目標差異所產生的長期性議題，並非靠單一解方或幾次短暫的溝通能解決。相對地，可解決問題（solvable problems）則屬於具體情境、可透過溝通或妥協解決的事務，例如誰接送孩子、如何安排假期等。

上述對話即是一個典型的永恆問題案例。表面上他們爭論的是哼歌、跳舞、平板等具體行為該怎麼管教與處理，但實際上爭執的是：「適應社會規範」，還是「忠於自我」。這類價值觀差異不會因一次對話而消失，也無法以「誰對誰錯」收場。而是需要讓彼此看見，永恆問題後的價值觀與意義，以及背後沒說出口的「情緒故事」。

「可以向你的另一半分享，為什麼從你的立場來看是重

要的?那個立場或意義跟小時候的成長經驗有什麼關係呢?」我用手示意讓彼此有更多討論。

「當然我知道我們很想讓對方聽見也接受自己的立場,但在這件事情發生之前,最重要的是聽見與理解『永恆問題』中的情感故事。要請你們一方在說的時候,另一方要盡可能聽到對方立場的故事及意義。」我慢慢地說明著接下來要做的事。

「那我先說,我自己從出社會工作到現在,當過各式各樣的職業,也包含自己創業。」先生說著。

「離開學校後,我發現很多社會上的事情並不像書本教的那樣,我突然間沒有了方向。於是,我就開始自我學習,不論是學習寫網頁、架站,還是出版,我都是在工作時邊工作邊學習,下班回到家繼續買書回來看。」

「我不覺得這樣是好的經驗,但我的成長告訴我,自己有興趣就會自己去探索、學習,那個熱情跟動力是別人沒辦法給自己的,我甚至覺得規範會扼殺我去學習的動力及熱情。」先生說得很投入。

我注意到太太也很認真的聽著先生說,並且邊聽邊點頭。

「我也覺得是這樣,如果你這樣說我可以懂你為什麼這麼堅持。」太太思索著。

「我有跟你說過,我爸爸是老師,對我非常嚴格。」

「我的生活一直都是規律且穩定的,但是因為我曾經被霸凌好一段時間,這個你也知道。所以那時候開始,我就覺得不管怎麼樣,跟大家一樣是非常重要的事情。」太太認真的說著。

「我擔心、害怕任何可能讓我在人群裡被孤立的情形。你會覺得孩子要做自己,對我來說是件很可怕的事情,超級可怕的事情!」

近 7 成伴侶衝突來自「永恆問題」

每對伴侶會因彼此承載著不同的生命故事與情感記憶,形成數個深層的永恆問題衝突。高特曼的伴侶研究指出,約 69% 的伴侶衝突屬於永恆問題,它們無法透過單一

協議或妥協徹底解決,但能透過理解與對話達成尊重與共處。

先生的敘述揭示出他對自由學習與自主成長的深度信仰,來自於他在社會中碰撞學習的經驗。他的價值觀中,成就來自「學習動機大過於學習環境」。而對於規範的排斥,並非反對紀律本身,而是來自對「被限制」的負向經驗。

太太因為童年創傷與副相的親子經驗,將「遵守群體規則」視為一種安全與被接納的保障。「和大家一樣」不只是社會化的表現,更是避免再次受傷的心理機制。

深層對話有助轉化夫妻對立

這段對話的價值,在於讓雙方暫時從「立場辯論」中抽離,轉向說出彼此的「情感故事」與「衝突背後的信念」。當伴侶能圍繞永恆問題進行「深層次的對話」,提升對立立場的理解與連結,這樣的對話是伴侶親密關係深化的重要轉捩點。

因此，上面例子中，夫妻其實真正在意的是，「條理 vs 隨意」、「冒險 vs 保守」兩個議題，導致雙方在對立的兩面，無法靠近與聽見對方立場中的深藏的意義與情感。這些潛藏於永恆性衝突中的價值觀，並不能以對錯來評斷，因為它們往往源自於雙方成長歷程或原生家庭的深層經驗——可能是創傷性的經驗（例如：先生童年時曾經歷過過度限制，使他在成年後極度重視自主性勝於遵守規範），也可能是正向而溫暖的記憶（例如：先生在自主學習的過程中獲得掌控人生的能力，最終得以成家立業）。這些經驗所形塑出的價值觀，會驅使個體在新的伴侶或家庭關係中積極展現與實踐。

以下列出 25 項在永恆衝突中 25 項常見的差異價值觀，背後都有其深層的情感故事：

25 項伴侶衝突主題

衝突主題	內容
1 乾淨與整潔	一方喜歡整潔有序,另一方則較為隨性。
2 時間觀念	一方重視準時,另一方則較為隨意。
3 任務處理習慣	一方喜歡一次處理多件事情,另一方則偏好專注於單一任務。
4 情緒表達	一方情感豐富,另一方則較為內斂。
5 共處時間	一方需要更多獨處時間,另一方則渴望更多的共同時間。
6 性生活頻率	一方希望更頻繁,另一方則需求較少。
7 討論性生活	一方希望能夠談論性生活,並隨著時間改善彼此的親密關係;而另一方則傾向讓這個領域保持自發性、不被檢視。
8 財務觀念	一方傾向保守、避免風險,另一方則偏好即時享樂。
9 冒險	當面對未知,一方傾向冒險,另一方則較為保守。
10 與家人／姻親關係	一方希望與親戚保持距離,保有自我空間;另一方則重視緊密連結的關係。
11 家務／育兒分工	一方追求平等分工,另一方覺得平等分工不且實際或不同意。
12 衝突處理	一方傾向情感表達,另一方偏好理性討論。
13 生氣表達	一方容易表達生氣並迅速釋懷,另一方則避免且壓抑生氣但卻較容易耿耿於懷。

衝突主題	內容
14 教養方式	一方較為嚴格，另一方則強調同理與自由。
15 悲傷處理方式	一方偏好忽略情緒並專注於解決問題，希望「人要往前看」；另一方希望被傾聽與共感。
16 活動偏好	一方喜歡高強度、充滿動態的活動；而另一方則偏好較平靜、低活動量的休閒方式。
17 社交傾向	一方較外向、善於交際，與人相處能讓他感到充滿能量；而另一方則覺得與人相處需要耗費心力，只有在獨處時才能恢復精力。
18 影響力或權力分配	一方偏好在任何決策中擁有主導地位，而另一方則偏好權力平等。
19 對工作與成就的重視	一方非常有企圖心，重視事業與成功；而另一方則更在乎家庭生活品質與伴侶間的快樂時光。
20 宗教信仰與靈性活動	一方更加重視宗教價值或靈性活動，而另一方則沒有那麼在意。
21 娛樂性藥物與酒精	一方對使用娛樂性藥物與飲酒較為寬容，而另一方則更保守或反對。
22 獨立性需求	一方更需要自主與個人空間，而另一方則偏好更緊密的連結與依附感。
23 對刺激的需求	一方渴望生活充滿刺激與不確定，另一方則偏好穩定。
24 忠誠觀念	對於性或浪漫的忠誠有不同的看法。
25 對「趣味」的態度	一方個性較為嚴肅，不太在意「玩樂」這個概念；而另一方則較有趣、輕鬆、喜歡玩耍。

伴侶溝通小學堂（十）

探索遺忘的夢想：試著接近理解另一半

在伴侶溝通中，我們常急著「解決問題」，卻忘了這些問題背後，可能藏著一段被忽略的生命故事。夢想偵探對話的目的不是為了贏得爭論，而是為了理解你的伴侶為什麼這麼堅持？堅持背後是不是有尚未被探索的需求、過去經驗，甚至是一個害怕失去的夢？

這個練習邀請你們輪流扮演傾聽者與分享者，當輪到擔任「傾聽者」時，請記得放下「回應」的習慣，帶著好奇、尊重與同理，用心聆聽與靠近你的伴侶。請記得，你的任務不是給建議，而是幫助對方說出那個平常很難用語言表達的自己。

傾聽者：每次你的伴侶說完後，請從下列問句中選擇合適的句子，幫忙你們有更深入的探索。

1. 在這件事當中，你的立場裡有任何的核心、信仰及價值觀嗎？
2. 這件事中，有沒有你的故事、或跟你的成長背景、兒時經驗有關的地方嗎？
3. 請告訴我這件事對你為什麼這麼重要呢？
4. 這件事情中你有什麼樣的感覺呢？
5. 在這裏／這件事中，你的夢想是什麼呢？
6. 這件事中有什麼更深的目標或目的呢？
7. 你期待些什麼呢？
8. 你需要些什麼呢？
9. 試著說出如果沒有擁有／達成夢想時，你害怕的畫面或景象嗎？

訴說者：在伴侶的協助下，找看看你的堅持中，埋層了以下哪個故事、夢想或意義呢？請圈出來與你的伴侶分享這對你的重要性與背後的故事。

1. 自由感
2. 平靜體驗
3. 天人合一（unity with nature）
4. 自我探索
5. 冒險
6. 一段靈性旅程
7. 伸張正義
8. 榮耀
9. 接納過往經驗
10. 療癒
11. 了解自己的家庭
12. 成就自己
13. 權力感
14. 面對年歲增長
15. 開發自己創意的一面
16. 變得更有力量
17. 克服過往傷痛
18. 變得更有競爭力
19. 向上天祈求寬恕
20. 對失去的自我的探索
21. 克服個人的障礙
22. 擁有秩序感

23. 成為有生產力的

25. 能真正的放鬆

27. 設定好我的目標清單

29. 找尋自己的體能極限

31. 旅行

33. 贖罪

35. 完成人生某個階段

24. 擁有「做自己」的地方跟時間

26. 自我生命的反思

28. 完成某件重要的事

30. 在競爭中取勝

32. 靜謐感

34. 打造某件重要的事

36. 道別

三、不是贏，而是一起走：
衝突中的讓步智慧

　　辛蒂自己一人前來諮商，她一踏入諮商室就用著很生氣、又很無奈地口氣說著她的婚姻。

　　「我很想要離婚，但是律師說我們現在的關係無法順利離婚，我很無奈。所以，我朋友叫我來試試看諮商，既然沒辦法離婚，那就不要一天到晚被他氣到不行。」

　　「我知道我跟他就是天差地遠的兩個人，他們家就是什

麼事情都拖拖拉拉的。我覺得我們單獨相處，我可以不理他。但是，我無法接受他把自私的想法帶給小孩。」

「如果他今天只有影響到我，我可以假裝沒看到。可是，當小孩變得跟他一樣拖拖拉拉、不準時，我會大崩潰。他憑什麼影響我的孩子？」

「我只要看到他在跟小孩相處，我就會大爆炸，會想要跟他吵架。」

「我就是避免不了跟他相處，我們要去接小孩、送小孩上學，假日也要一起帶小孩出去玩。」

「如果你看到先生就會生氣，那你們怎麼還會一起出門呢？」我提出了我的好奇。

「就是要陪小孩啊！我們有時間不是就需要好好陪小孩，假日就是要一起帶小孩出去玩，這樣小孩才會開心啊！」

辛蒂無法接受先生對於孩子的教養方式，還沒有孩子的時候，辛蒂在看到先生與自己的差異時，可以選擇尊

重,也就不會特別希望先生有所改變。

當兩個人有孩子之後,辛蒂無法接受先生的價值觀影響到孩子,就感到無法接受;主要來自於,在兩個人單獨生活的時候,可以選擇彼此尊重,不會期待對方有太多改變或調整;但是,孩子的教養卻需要兩人之間有所共識,辛蒂也會希望先生能共同陪伴孩子成長,反而就會讓兩個人的摩擦持續增溫。

期待另一半能為孩子做出改變

「我知道,妳對於家庭會有一定的要求與期待,就算跟先生在一起會不舒服,妳還是會帶小孩一起出門。」我提到辛蒂對於家庭的付出,辛蒂慢慢鬆了一口氣。

「對呀!全家就是要一起出門,對小孩來說,才會比較健康啊!但是,我真正生氣的地方是,我都可以跟他出門了,為什麼我跟他說的事情都還是不能改變?」

「妳有好多事情都希望先生可以調整,甚至會期待全家都和樂融融地畫面。所以在這麼不開心的狀態下,妳依然

願意跟先生出門。」

「對呀！我就是希望可以全家在一起。」

「妳努力維持家庭的美好樣貌，但是好像總是達不到妳的理想？」

「我其實也沒有想要他能做到啦！但是，我們都必須為孩子好，至少不能夠太自私吧！」

「那妳跟先生之間，會不會很多事情都想法不一樣，所以才會一直吵架？比如說：功課？旅遊？」我希望辛蒂看見也能看見彼此在關係中的協調。

「功課的話，我覺得我還可以接受，因為我不要求功課，我本來也是成績比較好的人，我從小都是念最好的學校，他成績又不好，憑什麼要求孩子。所以我都沒要求了，他也不會要求。」

「旅遊的話，我比較有想法，所以他就會配合我的想法，我們也會一起帶小孩出去玩。」辛蒂指出先生可以配合的家庭互動。

「嗯嗯，妳一直都是一個優秀的女生，所以對功課、事

業、與家庭都有最高的標準與期待,但是先生好像都沒有辦法達到理想。不過,剛剛聽起來,好像也有一些事情是有共識的?並沒有全部都不能一起溝通育兒的部分?」

找出彼此可以接受的彈性空間

　　辛蒂從小到大在各方面都是佼佼者,對於學習與家庭等面向存在高標準以及完美主義的要求與期待;當面對非預期的家庭樣貌時,辛蒂會為了家庭而放下自己的要求,辛蒂也會盡心盡力地想要達成心中的理想期待;但是當先生還是不如預期時,就是伴侶互動上很大的挑戰與衝突。

　　面對先生的狀態與行為不如預期時,辛蒂會感到生氣與無力,甚至會覺得先生很難溝通;然而,當我們比較仔細去跟辛蒂談到細項的標準與期待時,辛蒂可以慢慢看見彼此之間的彈性空間,例如功課的共識、旅遊的彈性,並非所有事情都是無法溝通與討論的。

　　「但是,他就是不清楚我在乎的是什麼啊!我都跟他說

不能不準時了,他怎麼都還是不改。」

「妳確定先生真的知道嗎?」我與辛蒂討論伴侶互動的狀態。

「知道呀!我都跟他說很多次了,他還是每次都做一樣的事情。」

「先生真的知道妳很在乎嗎?會不會他還不太理解?」

「不可能吧!那他也太誇張了,我都生氣了,他應該要知道啊!」

「妳有沒有很嚴肅且認真地告訴他:『妳真的很在乎這件事情』?或是讓他清楚,他這樣做的話,妳是完全無法接受的?還是,他認為妳每件事情都很在乎,所以不知道妳最在乎的點?」

「他真的很白目耶!我都氣成這樣了!」辛蒂憤怒提出先生的不用心。

我提出在溝通上的困難,「通常在伴侶關係之中,會有一些地方有共識,但是有一些地方是完全不能退讓的。比如說,妳剛剛提到的功課就是可以退讓的空間,但是『自

私自利的想法』就是完全不能退讓的。就像 BAGLE 中間那一圈是不能退讓的，妳必須很清楚地讓先生知道，BAGLE 的內圈圈是妳最在乎的事情，不能被挑戰。」

每個都人都有不可退讓的 BAGLE 圈

在夫妻溝通的過程之中，我們發現到彼此都都有些不容挑戰的價值觀與信念，這就是我們個人專屬的BAGLE圈，這個圈圈內的價值觀是無法透過溝通或討論而達到共識的，換句話說，這個價值觀或信念是你堅信不移的。

BAGLE 圈內的事項可能代表著我們從小到大對於家庭的信念與想法，或是曾經發生在我們身上的特殊意義的事件。我們在本書第 148 頁中，列出了 25 項常見的伴侶衝突主題，這些主題反映了伴侶之間在性格、生活方式或價值觀上的差異，可能導致長期性的衝突（perpetual problems）。

辛蒂 BAGLE 圈內的「與親戚的關係」上與伴侶有明顯的差異，所以兩個人之間存在著長期性的衝突，而這樣的衝突主要來自原生家庭生活方式與價值觀的差異，這樣的

衝突有時完全無法透過溝通來解決；然而，有些衝突可以透過溝通有所改善，例如辛蒂與先生之間的活動偏好（旅行）、工作與野心（週末陪伴孩子）、育兒與紀律方式（功課要求）。

無法妥協
的底線

願意調整的空間

辛蒂開始好奇先生的狀態,「嗯嗯,會不會我總是生氣,所以他不知道我的 BAGLE 圈在哪裡?」

「有可能喔!因為不管大事情或小事情都在生氣,先生就不一定清楚妳不能退讓的點,到最後反而就會一直用自己的方式在跟孩子互動,不理解妳真正在乎的點。」我提出伴侶溝通上的困難。

「那我要回去想一想哪些是我不能退讓的點,我自己像也不太清楚,所以我們每天都吵架,他每天都在看我生氣。」

「如果我們清楚了自己的 BAGLE 圈,也明確告訴先生,BAGLE 圈外面是可以溝通協調的,裡面就是完全不能觸碰的點。這樣,彼此就不會踩進對方的 BAGLE 圈裡面,那就會很確定彼此在乎的事情,也不用一直吵架了。」

避免碰觸雙方地雷好好溝通

每個人都有一些無法跨越的衝突主題清單,對於辛蒂來說,在家中一直生氣地與先生溝通,好像每件事情都是無

法解決與溝通的狀態下,先生也許會覺得辛蒂是「無法溝通的人」,而不會想到去跨越與溝通「長期衝突問題」,更不會重視辛蒂的想法與需求。

就像每個人身上都有著專屬自己的地雷,只有踩到時才會爆炸一樣,知道的人就會想辦法繞過地雷並知道不要觸碰到對方的地雷。但是,若整條路上都是地雷,反而會讓我們放棄且不再走這條路。

Bagel 圈溝通練習──達成雙贏的共識

我們都知道，有些問題不只是「誰對誰錯」，而是「我們為什麼會這麼在意」。這個練習不是為了要爭贏，而是要找到彼此都能尊重的做法。這個方法叫做「Bagel 圈溝通」，意思是像一個貝果圈圈，中間是我們無法退讓的核心，外圈則是我們可以談談的彈性空間。

當我們可以清楚地說出自己的底線，同時也願意看看哪裡能彈性、哪裡能靠近彼此，我們的溝通就不再只是「讓步」或「忍耐」，而是一起往雙贏靠近。

Bagel 圈溝通步驟：

1. 選一個你們最近常討論、甚至有點卡住的問題。
（例如：孩子該不該用平板？）
2. 畫出一個圓圈，分成兩層：

- 內圈（核心圈）＝「我真的無法妥協的底線」

  例如：「孩子不能超過一小時用平板」「孩子的視力健康不能妥協」

- 外圈（彈性圈）＝「我可以談談的、願意調整的空間」

  例如：「只要內容是教育類的平板內容可以接受」「使用的器材不要太近就比較可以」

3. 輪流說出彼此的 Bagel 圈內容。

   不要馬上評論彼此，而是先好好聽對方說，然後用下面的提問來互相了解。

建議提問（可以貼在冰箱或筆記本）：

1. 你能幫我了解，為什麼這個「內圈」對你這麼重要？
2. 這件事情讓你有什麼感覺？是擔心？委屈？失落？還是希望？

3. 你的「可退讓區」有哪些地方？哪些是你願意談談的？
4. 在這個議題上，我們是不是有一些共同的想法？
5. 我們兩個希望的「共同目標」會是什麼？
6. 為了達成這個目標，我們可以怎麼做？
7. 我能做什麼，讓你覺得「我看見了你真正需要的」？

小提醒：

- 「可退讓區」不是失去自己，而是為了靠近彼此。
- 「不可退讓區」不要寫太大，否則你會封住對方靠近的空間。
- 如果能一起把 Bagel 圈畫出來、貼在牆上或日記裡，那就是你們關係的行動地圖。

不可退讓區

可退讓區

Chapter 5

從築夢者到異路人：
當伴侶無法建立共享意義

一、我是與你共組家庭的人：
我的角色不只是媳婦

小慧踏入諮商室，提出自己在婚姻上的困難以及婆婆的互動。

「我永遠記得，我婆婆在我結婚那天，帶我進去小房間，她說：『我以後就是妳的媽媽了，如果有什麼事情就直接跟我說，不用跟妳娘家媽媽說。』從那一刻開始，我就把她當成我的媽媽。」

「我跟老公吵架,我跟婆婆說,婆婆就會跟我一起想辦法;我也會跟婆婆說先生不好的地方,婆婆就會教我可以怎麼跟老公相處。」

「後來有一陣子,我跟先生常常吵架、起衝突,我就跟婆婆說,先生好像都不開心。婆婆跟我說:『可能是工作太累讓他不開心吧!不然妳生一個小孩讓他一起照顧,給他一個目標。』」

在婆家中消失的女性自我

華人文化重視關係主義,也就是不能太重視個人的想法,如果在家庭中以自己為主就會被說成自私,但實質上卻會因為過於重視他人的想法而忽略了內在真實的感受。尤其華人家庭更容易被放大這一點,女人在結婚後更必須以家庭為重,凡事「以夫為天」。俗語說:「嫁雞隨雞飛,嫁狗隨狗走,假乞丐杯筊薦斗。」所以女性常常不能有太多自己的想法,必須以夫家的意見為主,多了更多有形與無形的束縛。

華人傳統家庭以「孝道」、「尊親」等倫理道德為家庭規範，當女性從結婚嫁入到新的家庭，成為夫家人的媳婦後，首先要先學會的不是與她的丈夫相處或適應兩人的婚姻生活，而是學習如何與先生的母親／婆婆相處、順應婆家規矩。

　　對於華人女性來說，邁入婚姻頓時失去自己在原生家庭的女兒圖像，必須成為「媳婦」的角色，這才是一個媳婦應該有的樣貌。正如同小慧很直接地聽取並順從婆婆的意見與想法，並思考以婆婆提供的模式與先生相處，期待在夫家獲得認同，並成為一個好媳婦的角色，只是慢慢地發現到好像順從了婆婆的意見，也造成夫妻相處之間更多的困難與阻礙。

　　小慧訴說著自己對婆婆曾經的信任，以及後續的轉變。

　　「我時常用婆婆教我的方法跟先生相處，當我遇到困難也會跟婆婆說。因為我覺得婆婆是最了解先生的人。」

　　「當我們衝突愈來愈多，我也會跟婆婆說先生的不是，

希望可以聽到好的解決辦法。」

「有一天,我聽見我婆婆跟先生說:『你太太一直說你不好,哪有人來跟媽媽說自己的小孩不好。』」

「從那一刻,我才恍然大悟,原來我婆婆不是真的在聽我說話。」

「我婆婆一出現,就會叫我老公休息,什麼都不用做。但是,後面又跟我抱怨先生不做家事。」

「婆婆會跟我說:『生小孩讓老公一起照顧,給他責任感』。但是又跟先生說:『生小孩都是小慧決定的,都沒想過家裡的經濟壓力很大。』」

小慧說出自己的矛盾,以及對婆婆的不信任。

「我慢慢才發現,我婆婆做的跟說的都不一樣。她會人前人後不一樣。」

「我一直以為我婆婆說:『她就是我的媽媽』,所以我這麼相信她,也照她的方法跟先生一起生活,但是卻越來越不快樂。」

「我在這一連串事件,感受到不被信任跟質疑。」

對婆家的不信任感也是危機

　　邁入婚姻後的女性，會慢慢感覺到婆婆與母親之間的差異，除了來自於血緣關係的差異外，同時也包括了情感的外在或內在的不同。婆婆與媳婦之間屬於姻親關係（因婚姻而來的親屬關係），母親與女兒之間屬於血親關係（血脈相承的親屬關係），當小慧開始感受到姻親關係終究不敵血親關係，也更了解到婆婆終究比較將情感放在兒子身上，不完全在媳婦的感受上，小慧發現婆婆不會真正支持自己的立場。

　　當婚姻之中的婆媳關係、夫妻關係，有很多的衝突與矛盾時，女性會對於自己在婚姻中的信任關係與情感連結感到混亂。就像小慧原本期待在婆婆的認同下，找到與先生的相處之道；但卻發現婆婆總是站在兒子的立場說話，甚至對自己有質疑，開始對婚姻關係有更多的不信任感，並感到質疑與拉扯。

　　小慧決定轉換自己對於婆婆的互動關係。

「雖然這樣很不好，但是我決定要封鎖我婆婆。我覺得我好像被騙了，我都被他們騙了。」

「尤其是，我先生跟我說：『我覺得妳就是媽派來監視我的人』，我那時候充滿了問號。我想著，我做錯了什麼嗎？」

「先生說：『生小孩又不是我想要的，都是妳自己要生的。』我心裡想的是：『因為你說你不快樂，所以我才問婆婆可以怎麼做？』」

「我想要你開心，我不知道怎麼做。你自己看你媽媽寫的，你媽媽跟爸爸討論後，希望我們生小孩。不是我自己想要生的，是你媽媽說『希望我們生小孩，那我們就會快樂的』。」

「婆婆說，叫我不要一直催先生照顧小孩；因為，想要給先生慢慢適應當爸爸的感覺，所以小孩出生已經過了一年都還不會包尿布、泡奶，我就這樣慢慢等。」

小慧看見自己在婆婆與先生之間的三角關係，也感受到自己的不舒服。

「不知不覺中,我變成婆婆跟先生之間的傳話筒,我好像越依照婆婆的方式,先生就越不開心。」

「為什麼我要站在中間,為什麼最後錯的都是我。」

「我跟先生說:『我已經再也聽不下去這些話,你對我的誤會很深。』」

「我覺得應該是我們兩個自己對話,而不是我跟先生、先生家人的三角對話。最後,我決定先不要接婆婆的電話,或是在跟婆婆對話時,不再去談到跟先生之間的互動關係,不要再去聽更多的建議。」

我整理了小慧、先生與婆婆三人的關係,「也許妳跟先生都是互相在乎的,只是因為詢問了婆婆適合先生的方法,而不自覺成了婆婆的『工具』。回到你們夫妻的相處方式,其實可以發現妳先生慢慢地改變跟付出。」

我提出小慧身上擁有的不同角色關係。「聽起來,原本在妳的身上有著媳婦、媽媽、太太三個角色,妳覺得原本在妳身上不同的角色,妳比較重視哪一個?」

「我以前會把媳婦擺在第一位,但是我發現我愈來愈不

快樂；所以我想要重新調整位置與安排，我想先把媳婦的角色放到最後，然後把太太跟媽媽的角色往前調整。」小慧提出自己在關係的期待與轉變。

暫時切斷婆媳之間的連結

華人文化強調家族的互動關係，甚至超過夫妻之間的相處；而家族間的關係、婆媳關係會成為影響婚姻關係的品質。從《當代社會工作學刊》在 2014 年的研究中指出，邁入婚姻後的現代媳婦，正面臨父權社會到個人主義之多元價值的轉渡期，因性別所帶來的不平等互動關係仍存在其所處的家庭情境中。因為受到傳統性別角色刻板形象所綑綁，媳婦／女兒身分的斷裂、認同的改變，必須在新的時代中，學習與修正媳婦角色，並且切割或暫離伴隨婚姻而來的婆媳關係衝突。

關係的存在，也會賦予我們每個人不同的角色與定位；夫妻關係中有著先生與妻子的角色，婆媳關係中有著婆婆與媳婦的角色，親子關係中有媽媽與孩子的角色，每個人

都會各司其職，但也被賦予了每個角色的任務與責任。但是，我們也往往會被這樣的角色綁架著，好像每個角色都必須執行自己的任務，才算是一個好的關係。

每個人對於角色的想法與思考會有著差異點，可能來自於彼此生活角度與自我認同的不同，卻也因為每個角色都有不同的想法與認知，所以就會造成衝突與差異；有的可以透過磨合而更為靠近，但也可能因為高差異而形成壓力，反而需要給予自我調整與彈性的調適空間。這些磨合與衝突，並非完全性地斷裂，必須在婆媳關係與夫妻關係之中找到平衡點，並重新回到夫妻關係的修復與統整，再找出三代共處的新方向。

小慧提到自己決定減低自己與婆婆的互動，回到夫妻間的相處。

「從跟婆婆減少談到家庭的事情，我覺得我先生好像比較有男人的感覺；好像有回到以前我們比較好的溝通與相處。」

「最近,我發現先生最近在家會自己準備午餐、也會自己幫小孩準備衣服,開始有一點不一樣。」

「我就會想,他是不是想對家裡付出更多?我不再用婆婆說的方式跟先生互動之後,他變得不一樣了?」

「過去,我覺得我好像不自覺成為先生的媽媽,然後就一直按照她的方法去跟先生相處,婆婆說:『她希望我們的孩子變成她跟先生的修復點,因為他們曾經有很多的衝突。』」

我提出小慧在關係中的角色調整,「妳想要好好擔任好媽媽與太太的角色,而不是把媳婦擺在前面。」

「對呀!現在,我開始自己跟先生討論我們的想法;如果他不開心,我就跟先生討論我們可以一起如何陪孩子出去玩,可以一起做些什麼事情。」小慧訴說著自己在關係中的轉變。

「現在,我比較能夠和先生相處,先生也會好好陪伴孩子,我們的家好像單純多了。」

維持家庭每個關係的平衡

家庭內是一段段對偶關係的組成,丈夫與妻子屬於一個對偶的夫妻關係,媽媽與孩子屬於另一個對偶的母子關係,婆婆與媳婦屬於一個對偶的婆媳關係;每段關係都有界線的存在,而界線展現在「對人的禮貌」。如果夫妻之間能夠回到單純的伴侶相處,婆媳之間能回到單純的內外溝通,在關係之中學習尊重與禮貌,反而能夠讓人與人之間維持一個平衡的美。

剛開始的小慧,因為讓夫妻關係連結了婆媳關係、親子關係在其中,反而成了複雜的三角關係,各有各的想法,但是卻不一定適合彼此的相處之道。小慧剛開始把媳婦的角色安排在第一位,但卻因為媳婦的角色而影響到夫妻關係,反而無法好好扮演太太的角色,無法好好經營夫妻關係,所以小慧決定重新選擇,調整角色的排序,先暫時好好經營夫妻關係。

也許小慧與先生過去是相互尊重與獨立的個體,一旦在夫妻關係中夾雜了先生與婆婆之間的親子控制關係,也就

是媳婦角色大過於太太的角色，反而讓小慧成為婆婆對先生的監視，最後造成了夫妻之間的爭執。如果回到最初的夫妻相處，夫妻之間的溝通與討論，會慢慢組成屬於夫妻之間的小家庭，在小家庭之中建立原本共有的相處模式，跨出夫妻過往原生家庭的束縛，反而能夠看見彼此的個體成熟以及願意為現在家庭的付出的面貌。

伴侶溝通小學堂（十二）

找出你最在乎的角色與分配

在結婚之前，原生家庭帶給我們重要的角色，包括女兒、兒子、哥哥、姊姊等；在結婚之後，身上同時背負了另一個家庭的角色，包括了媳婦、女婿、等；有了孩子之後，身上又承擔了另個角色，包括了媽媽、爸爸等。婚姻的過程，我們身上的角色越來越多，請試想現代人身上可能有的角色。

☐女兒　☐姊姊　☐妹妹　☐孫女　☐表姐／堂姐

☐表妹／堂妹　　☐姪女

☐兒子　☐哥哥　☐弟弟　☐孫子　☐表哥／堂哥

☐表弟／堂弟　　☐姪子

☐妻子　☐媳婦　☐嫂嫂　☐弟媳　☐孫媳婦

☐表嫂嫂／堂嫂嫂

☐先生　☐女婿　☐姊夫　☐妹夫　☐孫女婿

☐表姊夫／堂姊夫

☐爸爸　☐媽媽　☐舅舅　☐舅媽　☐叔叔　☐嬸嬸

☐＿＿　☐＿＿　☐＿＿　☐＿＿　☐＿＿　☐＿＿

請從上面角色中，把你身上目前具備的角色列在下面：

1.＿＿＿　2.＿＿＿　3.＿＿＿　4.＿＿＿　5.＿＿＿

6.＿＿＿　7.＿＿＿　8.＿＿＿　9.＿＿＿　10.＿＿＿

每個角色在我們身上都有重要的意義，請列出目前對你而言，最重要的五個角色並排序：

1.＿＿＿　2.＿＿＿　3.＿＿＿　4.＿＿＿　5.＿＿＿

若我們身上同時兼備太多角色，且角色之間可能會造成衝突，我們可以試著透過排序的方式，幫自己做出對目前的自己而言，最適當的排序與選擇；請不要擔心現在的排序就決定了未來的一切，也許未來隨著孩子慢慢長大，我們也會再度重新排序喔！

二、傳達家庭情感的語言：
　　充滿意義的「儀式」

「我不懂你為什麼一定要那麼堅持，有必要嗎？」

「好不容易孩子都睡了，不能放鬆一點、輕鬆一下嗎？」先生很無奈地看著憤怒的太太。

「我們說過的事情，你為什麼要討價還價？這是我覺得最重要的一件事情，睡覺前陪孩子，然後跟他說晚安、再見，是有這麼難嗎？」太太說著激動地哭了出來。

「我也有做，可是有必要這麼神經兮兮嗎？」

我暫停了夫妻的互動，指出剛剛對話中的四騎士（見第63頁），也說明這讓兩人聽不到彼此的聲音，試著讓兩人重新用「三段式表達」說自己的立場。

「我每次躺在床上陪孩子睡時，看到你一直在外面忙，又看到孩子即將快睡著的表情，我心裡面就好著急，著急你會來不及跟孩子說晚安跟再見……」太太的聲音裡充斥著焦慮。

「不過就說個晚安有什麼好著急的，太誇張了吧！」先生不耐煩地說。

我協助問問兩人之前有沒有談到這樣的感受，先生表示過去都變成翻舊帳，都沒有聽過這一段感受。

我邀請先生拿著「開放式問句清單」，探索太太的著急與感受。

透過提問理解另一半的堅持

「家庭儀式」是指家庭中可預期、反覆出現的互動模

式,重點是讓家人感受到連結與價值,也是傳達這個家共有／共享意義的關鍵。在這段對話中,先生對於太太有點無法退讓的「儀式」感到困惑及不耐煩,導致先生對這件「不講道理」的事出現情緒。

有趣的是,情緒表達不是不講道理,而是有著「生命經驗故事」的情感與價值觀,是當事者無法退讓的。於是我在會談過程中,除了暫停傷害性的溝通,讓雙方想講的事情可以講的更清楚外。我請先生試著做回「探索者」的角色,而不是「督導、老師」去檢視太太邏輯是否不合常理,也只有這樣做才會讓伴侶回到伴侶的角色與功能。

「曾經有什麼事讓妳有類似的感受嗎?」先生問得很不確定。

「說再見對我來說好重要,我好愧疚⋯⋯」太太突然大哭了起來,先生慌慌張張抽著衛生紙。

「那是小哲小時候的事情⋯⋯」太太邊哭邊說

「這些事情不是過去了嗎?我們說好了要向前看啊!」先生感覺困擾地說著。

「那時候小哲因為判給前夫，我週末都要到前夫家看他。」

「我記得他那時候才兩歲左右，每次去看到他的時候，他都好開心。」

「也因為他每次開心的笑臉，不管那個環境曾經給了我多少痛苦，我只想著趕快看到小哲期待的笑容，甚至還都提早到前婆家待著，陪著他。」

「但是每次週日要離開的時候，小哲總是大聲哭鬧，甚至抱著我……不肯讓我離開。好幾次我都是哭著把他甩下，往外走的同時聽到他哭得好淒厲，我又不敢往回看。」

「後來前婆家告訴我，可以趁小哲睡著後偷偷離開，我覺得這樣好像不用一直面對他的慘哭，我覺得這樣好像是個可以的方式。」

「直到有一次週日中午吃完午餐的時候，我帶著他去樓上睡午覺，他突然開始把全家的窗簾拉起來，我本來還以為他在玩鬧，還訓斥了他一下。」

「他變得跟往常都不一樣，堅持把全部窗簾都拉起

來。」

「之後每一次都是這樣，禮拜天中午午飯後，他就開始拉窗簾。」

「這也蠻特別的，不過這就男孩子調皮嘛！」先生笑笑的說著。

「後來有一次前婆婆忍不住了，大聲斥責他不要玩窗簾，我也礙著前婆婆的面子，也順著斥責小哲。他一樣講不聽，我火也就上來了，我大力的抓著他叫他停止，他還是一直要去關窗簾……」

「這可能命中帶土，太固執了。」先生認真的分析著。

「我記得…我好後悔…我對他大吼說，你可以不要一直亂嗎？媽媽對你這樣好生氣。我忘記不了那天的那個畫面，他說：『媽媽看不到太陽，就不會離開我了……』。太太掩面大聲哭著。

先生按摩著太太的肩膀，眼角也泛著淚。

「……從那時候我就決定，在孩子睡覺前要跟他說再見。每次睡前的這個承諾，是我想堅持給他的。什麼都會

變,只有這個『再見』不會變,讓小哲,讓我們的孩子不要再承受那樣的焦慮與不安。」

「以後每天,我跟妳一起跟孩子說『晚安』、『再見』。」

創造家庭儀式增加情感連結

先生更深層的理解後,我們可以明白太太的「睡前告別」儀式,承載了過去的失落與遺憾的傷痛。我在實務上的確也發現,很多人會希望在現在或未來的親密關係中,避免以及反轉原生家庭或成長過程中的傷痛,或是將原生家庭或成長過程中重要的正向情感經驗,透過「儀式」傳承下去。

因此,儀式不只是「例行公事」,更是可以讓我們傳達「我希望這個家有什麼樣的意義」的重要方式,以下列出可以傳達情感與意義的家庭儀式:

1. **離別與重聚的儀式**（Partings & Reunions）

早晨道別:出門前的擁抱、親吻或道別語,增進情感

連結。

下班回家：回家後的擁抱、親吻或簡短對話，表達關心與在意。

2. **每日壓力釋放對話**（Daily Stress-Reducing Conversations）

每天花 15 至 30 分鐘，讓彼此分享當天的壓力與感受，提供支持與理解。

3. **感謝與欣賞的表達**（Expressing Appreciation）

每日感謝：每天表達對伴侶的感謝，例如「謝謝你今天為我準備早餐」。

書寫感謝卡片：定期寫下對伴侶的感謝與欣賞，增進情感連結。

4. **睡前儀式**（Bedtime Rituals）

睡前對話：睡前花時間聊天，分享一天的經歷與感受。

擁抱或親吻：睡前的擁抱或親吻，增進親密感。

5. **用餐時光**（Mealtimes）

共進晚餐：每天一起用餐，分享彼此的生活點滴。

週末早餐：週末一起準備或享用早餐，建立親密文化。

6. **節慶與特殊日子的慶祝**（Celebrations）

生日與紀念日：共同慶祝彼此的生日與紀念日，增進情感連結。

節日慶祝：一起慶祝傳統節日，建立家庭文化。

7. **每週約會之夜**（Weekly Date Night）

每週安排一次約會，專注於彼此，增進親密感。

8. **共同完成家務**（Shared Chores）

一起完成家務，如打掃、做飯等，增進合作與溝通。

9. **共同學習與成長**（Shared Learning and Growth）

一起參加課程、閱讀書籍或學習新技能，增進共同目標與價值觀。

10. **共同放鬆與休閒**（Relaxation and Leisure）

一起散步、看電影或從事其他休閒活動，增進情感連結。

伴侶溝通小學堂（十三）

創造與討論專屬的「家庭儀式」

家庭儀式是我們每天、每週或每年重複出現的互動，它不只是「一起做什麼」，更是「一起如何做、為什麼做」。這些看似平凡的片段，正是形塑家庭記憶與情感歸屬的重要材料。

試著拿著筆記，也試著將以下問題寫下你的答案，兩人都完成後，與你的伴侶探索並分享彼此重要的「家庭儀式」背後的語言及意義。

1. 我們「吃晚餐」的方式是什麼？它對我們代表什麼？我們童年時各自的家庭晚餐是什麼樣的？

2. 每天早上我們如何道別？放學、下班回家時，我們「重聚」時是什麼樣子？我們希望這些時刻能有什麼情感品質？

3. 睡前時光在我們的家中有什麼樣的模式？在我們成長的家庭中又是如何？我們希望孩子的睡前記憶是什麼？

4. 週末在我們家中代表什麼？是休息日？自由活動？還是家人連結的日子？這與我們成長背景有何異同？

5. 我們如何安排家庭假期與出遊？這些儀式對我們代表什麼？我們想延續原生家庭的什麼？還是想創造新的意義？

6. 選一個對彼此有意義的節日，談談這個節日「真正的意義是什麼」？我們想怎麼慶祝它？

7. 當有人生病時，我們的家庭會怎麼照顧家人呢？這和我們童年經驗有什麼關聯？

8. 我們是如何讓自己重新獲得能量的？我們各自的「修復與更新」儀式是什麼？

儀式，是傳遞情感和家庭重要意義的具體行動。透過上面的對話練習可以從喜歡的家庭儀式中，萃取出深層的意義與價值觀，並進一步跟你的伴侶、孩子討論這個意義還可以有什麼方式實踐，讓「家」更是「我們一起的家」。

三、共享意義的「象徵」：
為什麼全家沒有同心？

「我跟孩子都全心全意的投入裝修，你都不願意多加入？」

「我也很努力啊！」

「本來是我們四個人一起的，最近我都拉著孩子到處看冰箱、廚具，慢慢的孩子也跟你一樣，懶懶散散的，滿臉不願意。」

「妳有沒有想過為什麼他們會變這樣呢？」

「還不是你的態度影響了他們，不情不願的，最後的責任都在我身上，到現在我都覺得只有自己一個人在處理裝修的事情。」

「我跟孩子的態度一開始不是一樣的，妳還記得嗎？」丈夫試圖用緩和的語氣表達著。

「我真的不明白你們為什麼樣這樣子對我，有時候我回到家看到你們都懶懶坐在沙發上，我就一肚子氣，你們不能有精神一點嗎？」

「……」

「算了，我自己的房子我自己來弄。」

「這是我們一家人的事情……」

「如果你還覺得這是一家人一起的事情，你就要讓孩子有向心力一些，你們都要更主動一些！」太太打斷先生的話。

「我們怎麼吵都是這件事，真的很無力。」先生轉向我對著我說。

「我們之前都不太有這麼多衝突,但現在卻為了裝修這件事把氣氛搞得烏煙瘴氣的,我真的好難過,我真的好委屈。」

我邀請雙方使用 Bagle 圈將衝突具象化,並用達成共識的技巧協助雙方了解彼此的「可退讓區」、「不可退讓區」,先生對於太太的「全家一起」落在「不可退讓區」感到十分疑惑。

「明明我們都有全家一起啊,妳怎麼會說⋯⋯」先生不解地問。

「我知道你們有一起,但是後來就沒有那種感覺了啊!」

「如果看個冰箱要 10 幾家去比較,任何一個材料都要看這麼多家,我們一定會沒有動力的。」

「這就是我最難過的地方,當我在前面帶頭時,拉著你們我覺得好辛苦。」太太啜泣了起來

「你可以多問太太,『全家一起』在幼年或過去成長的過程中,有沒有什麼特殊的意義或畫面嗎?」我遞上「探

索問句清單」。

「在小時候妳有什麼類似像『全家一起』的畫面嗎？」

「……哎……那是一個我不想要的畫面……」太太掩面哭了起來。

家庭儀式背後的象徵意義

衝突，對伴侶治療師來說不是件壞事，而是我們可以跟伴侶一起看清楚背後的意義。當太太回顧童年的「全家一起」經驗時，她的崩潰與哭泣顯示，這個象徵背後其實是一段未被療癒的童年經歷——可能是一段破碎或缺乏支持的家庭互動，導致她在成為母親與妻子後，對「一家人共同完成一件事」有強烈的情感補償需求。

這說明，象徵性儀式往往深植於過往經驗，具有情感投射的力量。因此，對於不想要的「畫面」是什麼？畫面中重要的人、事、物所象徵的意義又是什麼？會是我關心且需要去工作的重點。

「小時候的畫面，就是一個蓬頭垢面的畫面。」太太說

著。

「嗯嗯,怎麼說呢?」先生認真的傾聽著太太。

「你也知道啊,我不是有很多弟弟妹妹嘛!」

「每天都在忙著洗他們的衣服,煮大家吃的飯⋯⋯每天都有忙不完的家事。」太太悠悠的說著。

「妳一定覺得很忙碌、很煩。」先生試著用學過的技巧回應太太。

「不只是煩,會覺得每天都髒兮兮的,都會覺得自己很可憐。」太太眼角有些許泛淚。

「不會啦⋯⋯」先生想安慰太太。

「我想我們一起試試看,是否能聽到更多更深的經驗,你會好奇這對太太的意義嗎?尤其是從剛剛說到『大家一起』的感覺有什麼關聯嗎?」我邀請先生繼續幫助太太有更深入的對話。

「每天髒兮兮跟我們大家一起有什麼關係嗎?」先生有點不確定地問著,歪著頭彷彿不能理解這些會有什麼關聯。

「如果大家可以一起，我就可以不用一個人忙的蓬頭垢面了，你知道嗎？我多麼希望自己穿著乾淨的衣服，坐在乾淨漂亮的客廳中，緩緩地享用著一杯茶。我多麼希望自己可以那樣，乾淨、和緩、優雅的，住在一個我所喜歡空間裡，享用著一杯熱茶，我會有一種『我值得』的感覺。」

「我沒聽妳這樣講過耶！」

「我也是邊講邊想到的，其實重點就是我希望『我值得』，我好希望在我們裝修的這一刻，我可以擁有那樣的值得。」

「我好像能理解為什麼妳這次裝修會這麼的⋯⋯投入！我們都覺得妳太瘋狂了，什麼都要比價到最清楚，原來是這樣！」

「如果可以我希望你們一起，讓我擁有這個『我值得』的感覺，拜託，這對我來說好重要。」

「謝謝妳讓我知道這些更深一層的故事。」

「另外，也讓孩子們知道妳不斷挑選家具跟板材的原因，妳的『我值得』，我們一定是支持妳的。」

建立共享意義增加情感連結

「共享的意義建立於理解彼此行為背後的象徵需求,而這通常與人生早期的經驗密切相關。」當伴侶願意傾聽並接住這些需求時,即便無法解決實質爭議,也能讓雙方建立更深層的情感理解與連結。心理學家榮格也深信人類潛意識以象徵運作,許多情緒與關係動力無法直接被言語表達,只能透過夢境、藝術、神話等象徵形式呈現。

在這後半段的會談中,先生終於深刻理解太太所執著的是「將過去闔上,為未來翻開下個篇章」。而「裝修房子」象徵了未來可以獲得「優雅、平靜,我值得」的意義,這種渴望來自童年長期在家庭中失去控制感與價值感的經驗,是一種象徵性的「情感重建」。

伴侶治療師的任務,在於將無效且有傷害的溝通去除後,讓衝突裡的「黃金」可以讓伴侶聽見及共享,這個對話是最好的例子。至於衝突如何解決,在我的實務經驗中可以看見「共識與妥協會出現在深刻理解之後」,這也是我深刻相信且不斷見證的道理。

伴侶溝通小學堂（十四）

練習寫下自己重要的「象徵」

　　我們每個人對「家」、「空間」、「物品」或「行為」都有自己生命經驗的連結，也就是象徵。這些象徵常來自過去的記憶深刻的經驗與情緒連結。當我們能理解伴侶在溝通中，重要的「象徵」背後的「意義」，就能真正深刻的理解另一半。

　　試著各自拿著筆記，也試著將以下問題寫下你的答案，兩人都完成後，與你的伴侶探索與分享彼此重要的象徵背後的深刻意義。

✦ **練習內容：**

1. 家對我而言象徵著什麼？它是避風港、責任感、表現場所，還是某種價值的延伸？

2. 有沒有來自家庭的故事，是我希望延續、感到驕傲，甚至視為身分象徵的？

3. 在我內心中,「乾淨的空間」、「擁擠的客廳」、「大家一起吃飯」這些畫面各自代表什麼?它們喚起哪些童年記憶?
4. 裝修、買家具、挑選家電等家庭決策,是否勾起我「被看重」或「不被支持」的舊有經驗?我對「一起做決定」有什麼情感投射?

是否有一個畫面、一種情境或一段對話,是我在生活中極力追求的象徵?請描述它,並試著說明這個象徵從何而來、對我有何重要性。

這練習可以幫助我們從對話中看見、覺察對自己重要的意義後,進一步跟你的伴侶討論有什麼是這個家可以共同擁有的意義,傳遞給彼此與孩子,幫助彼此更靠近,讓「我們這一家」凝聚力更上一層樓喔!

成為彼此神隊友:在教養裡重新牽手

Chapter 5 從築夢者到異路人:當伴侶無法建立共享意義

後 記

從信念出發,走向家庭幸福之路

　　這本書的完成,源自我們對家庭與諮商的信念——我們相信家庭是愛的起源,也相信諮商能帶來無限可能。若家庭是愛的起源,便意味著它充滿了愛。當這份愛漸漸流逝時,只要找到適當的溝通方式,就有機會帶來改變;而諮商正是協助夫妻溝通、促進改變,讓愛得以延續與傳遞的橋梁。

在不同中尋找共同的答案
　　在諮商的場域中,我們聽過無數家庭的故事,因此更加確信這是一條可行的道路。或許有人覺得家庭關係無解,但我們的學習與經驗告訴我們:「親密關係與溝通是有步驟與科學可以協助的」,而且關係絕非不可改變。
　　感謝我們各自從不同的原生家庭成長而來,也感謝父母給予的養育,更感謝我們能夠欣賞彼此不同的溝通方

式。正因有原生家庭的故事,我們才不曾放棄尋找合適的溝通模式。當我們逐漸發現「陪伴不是單向,而是雙向」時,便更加明白,家庭是共同組成的,因此我們更有責任承擔彼此的關係,也願意為了這個家共同努力、經營。

感謝一路上的支持與助力

感謝那些為我們推薦的前輩與先進,感謝他們對我們在婚姻與親子溝通努力的支持與肯定。我們會持續精進專業,將信念與經驗分享給更多家庭。

最後,要特別感謝新自然主義的美華姐與喬喬的支持。從最初鼓勵我們以伴侶溝通的角度解析教養,到我們從不確定走向堅定,她們在轉寫過程中,不僅給予我們鼓勵與支持,還提供許多實質的建議與肯定,讓我們更清楚如何將信念與經驗轉化成文字。謝謝你們,你們是我們最大的支持與助力。

成為彼此神隊友：在教養裡重新牽手
以高特曼理論修復夫妻關係、重建育兒共識

作　　　者：	邱惠振、張雅淳
特約編輯：	凱　特
美術設計：	謝彥如
插　　　畫：	蔡靜玫

社　　　長：	洪美華
總　編　輯：	莊佩璇
副總編輯：	顧　旻
主　　　編：	何　喬
出　　　版：	幸福綠光股份有限公司
地　　　址：	台北市杭州南路一段 63 號 9 樓
電　　　話：	(02)23925338
傳　　　真：	(02)23925380
網　　　址：	www.thirdnature.com.tw
E - m a i l：	reader@thirdnature.com.tw
排版印製：	中原造像股份有限公司
初　　　版：	2025 年 8 月
郵撥帳號：	50130123 幸福綠光股份有限公司
定　　　價：	新台幣 330 元（平裝）

本書如有缺頁、破損、倒裝，請寄回更換。
ISBN 978-626-7254-80-6

總經銷：聯合發行股份有限公司
新北市新店區寶橋路 235 巷 6 弄 6 號 2 樓
電話：(02)29178022　傳真：(02)29156275

國家圖書館出版品預行編目資料

成為彼此神隊友：在教養裡重新牽手：
以高特曼理論修復夫妻關係、重建育
兒共識／邱惠振、張雅淳著 -- 初版 .
-- 臺北市：幸福綠光，2025.08
面；　公分
ISBN 978-626-7254-80-6(平裝)

1. 婚姻　2. 夫妻　3. 兩性溝通
4. 生活指導

544.31　　　　　　　　114006391

新自然主義